Sospechosos habituales

BELLATERRA EDICIONS | BIBLIOTECA CIUDADANA

FONSI LOAIZA

Sospechosos habituales

Corrupción en el Estado español

Director de colección: Manuel Delgado
Diseño de la colección: Dani Rabaza (Münster Studio)
Diseño original: Joaquín Monclús

Primera edición de Bellaterra Edicions: febrero 2024

Título: *Sospechosos habituales. Corrupción en el Estado español*

Ilustración de la cubierta: Dani Rabaza (Münster Studio)
Corrección de Manuel Azuaje

KULT COOP

Bellaterra Edicions (Cultura21, SCCL)
C. de la Foneria, 5-7, bajos / 08243 Manresa
www.bellaterra.coop

ISBN: 978-84-19160-73-7
Depósito legal: B 4783-2024

Impreso por Cevagraf en Rubí (Barcelona)

A Zhanet
y a todas las personas que han sufrido la represión

Índice

Preámbulo 9

La Corona.
Las miserias de la dinastía borbónica 13

La dignidad de Aparicio, Hasél y Valtònyc frente a los Borbones 15

El inviolable Juan Carlos I 18

La censura y el silencio mediático sobre el «ejemplar» Felipe VI 24

La otra mentira del 11-M 29

La Iglesia.
La cruzada contra la democracia 35

Propaganda y privilegios 36

Nido de pedófilos 41

Abogados Cristianos y la persecución a la libertad de expresión 47

La reacción frente a la escuela pública 48

Las sectas de los crucifijos: El Yunque y Hazte Oír 53

El ejército y las fuerzas policiales.
Para servir y proteger sus intereses 57
«Hay que fusilar a 26 millones de personas» 58
Los «casos aislados» de la Policía 63
Entrevista a Marco Antonio Santos 69
Entrevista a Raquel Rodríguez 71
Policías infiltrados y amigos íntimos de la ultraderecha 74

Los medios de comunicación.
La cloaca mediática 77
Ana Rosa Quintana, la musa del excomisario Villarejo 78
El País como falso garante de la democracia 81
La propaganda de Florentino Pérez y el ataque contra Segurola 86
Pablo González, periodista secuestrado 91
Cloacas: la fábrica de noticias falsas 93

Partidos políticos, el Ibex y la Justicia.
La impunidad más absoluta 95
El cártel de las constructoras 96
Bárcenas, Rosalía Iglesias y el grupo Taburete 99
Barra libre para políticos, empresarios y «aristócratas» 101
García-Castellón, el juez del Lawfare 103

Epílogo. Resistencia contra
los sospechosos habituales 107

Preámbulo

[...]

La vida siempre obtiene
revancha contra quienes la negaron:
la historia de mi tierra fue actuada
por enemigos enconados de la vida.
el daño no es de ayer, ni tampoco de ahora,
sino de siempre. por eso es hoy
la existencia española, llegada al paroxismo,
estúpida y cruel como su fiesta de los toros.

Un pueblo sin razón, adoctrinado desde antiguo
en creer que la razón de soberbia adolece
y ante el cual se grita impune:
muera la inteligencia, predestinado estaba
a acabar adorando las cadenas
y que ese culto obsceno le trajese

adonde hoy le vemos: en cadenas,
sin alegría, libertad ni pensamiento.

Si yo soy español, lo soy
a la manera de aquellos que no pueden
ser otra cosa: y entre todas las cargas
que, al nacer yo, el destino pusiera
sobre mí, ha sido ésa la más dura.
no he cambiado de tierra,
porque no es posible a quien su lengua une,
hasta la muerte, al menester de poesía.

[…]

Soy español sin ganas,
que vive como puede bien lejos de su tierra
sin pesar ni nostalgia. he aprendido
el oficio de hombre duramente,
por eso en él puse mi fe. tanto que prefiero
no volver a una tierra cuya fe, si una tiene,
[dejó de ser la mía,
cuyas maneras rara vez me fueron propias,
cuyo recuerdo tan hostil se me ha vuelto
y de la cual ausencia y tiempo me extrañaron.

[...]

Luis Cernuda, *Díptico español*

El filósofo anarquista Santiago López Petit enseña que vivir no consiste en gestionar la vida según un cálculo: «Vivir es hacerla un desafío e intentar que la vida tenga el máximo de verdad y de dignidad. Vivir es no conformarse con ser una pieza de la máquina capitalista». El libro que tiene el lector entre manos nace con el espíritu de salirse de esa abrumadora maquinaria, donde cualquier persona que se atreva a criticar a la Corona, el Ejército, la Policía o la Iglesia, será perseguida, silenciada y sufrirá graves consecuencias en su vida cotidiana. En los siguientes capítulos trato de condensar de forma amena cómo se mantiene intacto el árbol corrupto en España, con sus sospechosos habituales. Las manzanas podridas malean y corrompen a las buenas, que van quedando absorbidas por las dinámicas represivas de un Estado español sin depuración judicial, institucional ni policial.

La Corona
Las miserias de la dinastía borbónica

Los españoles han echado al último Borbón, no por Rey sino por ladrón.

Atribuido a Ramón María del Valle Inclán , sobre Alfonso XIII

Siento admiración y cariño por él. Es un ejemplo vivo diario por su desempeño patriótico al servicio de España. Franco es una figura decisiva, histórica y políticamente para España. Nos sacó y supo resolver nuestra crisis de 1936. Después de esto jugó un papel importante para sacarnos de la Segunda Guerra Mundial. Ha sentado las bases para el desarrollo de hoy día.

Juan Carlos I, sobre el dictador Franco

República, República siempre. A los 15 días de venir la República hizo más justicia con la mujer que la que hicieron 20 siglos de Monarquía.

Clara Campoamor

Mientras el rey Fernando VII siga en el poder, la burrería y la corrupción seguirán campando por sus respetos en España.

Goya, en el exilio en Burdeos

El Borbonismo no tiene dos fases, como creen los historiadores superficiales, sino una sola. Aquí y allá, en la guerra y en la paz es siempre el mismo, un poder arbitrario que acopla el Trono y el Altar para oprimir a este pueblo infeliz y mantenerlo en la pobreza y en la ignorancia.

Benito Pérez Galdós, *Cánovas*

Estamos viviendo momentos muy graves para nuestra vida democrática. Todos hemos sido testigos de los hechos que se han ido produciendo en Cataluña, con la pretensión final de la Generalitat de que sea proclamada, ilegalmente, la independencia de Cataluña. Han pretendido quebrar la unidad de España y la soberanía nacional. Con sus decisiones han vulnerado de manera sistemática las normas aprobadas legal y legítimamente, demostrando una deslealtad inadmisible hacia los poderes del Estado. Han quebrantado los principios democráticos de todo Estado de derecho y han socavado la armonía y la convivencia en la propia sociedad catalana, llegando a dividirla. Hoy la sociedad catalana está fracturada y enfrentada. Esas autoridades han menospreciado los afectos y los sentimientos de solidaridad que han unido y unirán al conjunto de los españoles; y con su conducta irresponsable incluso pueden poner en riesgo la estabilidad económica y social de Cataluña y de toda España.

Felipe VI el 3 de octubre de 2017
sobre Catalunya

La dignidad de Aparicio, Hasél y Valtònyc frente a los Borbones

La dinastía real francesa de los Borbones es la más antigua de Europa y ha reinado desde 1700 en España con las excepciones de la Guerra de Independencia, el Sexenio Revolucionario, la Segunda República y el primer período de la dictadura de Franco. El régimen fascista restauró la Monarquía convirtiéndola en la única en el marco europeo que debe su legitimidad a un origen fascista.

En 1932 el escritor y político republicano Manuel Ciges Aparicio publicó el volumen histórico *España bajo la dinastía de los Borbones*[1], edición casi inencontrable en la actualidad y vendida a más de 200 euros por coleccionistas. Valle-Inclán describió la obra como una «furia creadora». «Para crear es urgente destruir y los revolucionarios españoles olvidaron este saludable precepto»[2], alegó. Pocos años más tarde serían destruidos todos los avances conseguidos durante la República. Manuel Ciges, representante del legado de estudiosos heterodoxos españoles, fue fusilado por el fascismo en agosto de 1936 en Ávila donde era gobernador civil. Dos décadas después de su asesinato, ya en la posguerra, fue perseguido y juzgado por masonería con carácter retroactivo[3].

Ciges Aparicio tuvo tres hijos y una hija con la hermana del novelista Azorín, Consuelo Martínez, uno de ellos el actor Luis Ciges, que participó en películas como *Plácido*, *La Escopeta Nacional* de Berlanga, *Amanece que no es poco* de José Luis Cuerda, y *El Milagro*

1 Ciges Aparicio, M. (1932), *España bajo la dinastía de los Borbones*, Aguilar, Madrid.

2 *El Sol*, 12 de noviembre de 1932.

3 Tortosa, V. M. (2022), *Ciges Aparicio y la masonería: juzgado después de asesinado*, Institució Alfons el Magnànim-Centre Valencià d'Estudis i d'Investigació, València.

de P. Tinto de Javier Fesser. Tras su fusilamiento, el miedo caracterizó a la familia Ciges Martínez. Consuelo se metió en un convento de clausura con su hija y Luis y sus hermanos se alistaron como mercenarios a la División Azul.

Como periodista Ciges Aparicio denunció en prensa el caciquismo y el analfabetismo en España, también ejerció como militar en la colonia de Cuba y defendió su autonomía contra los intereses del general Weyler. Por ello fue encarcelado y escribió *Del cautiverio*, sobre su injusto encarcelamiento: «Yo soy un militar por la fuerza, que desprecia al ejército y odia las guerras. Fusíleme usted si quiere; pero no fusilará mis convicciones. He escrito lo que he sentido, y prefiero faltar a los deberes militares, que nada me importan, a dejar de cumplir con mi conciencia».

Quizás en estos tiempos sombríos de ley mordaza en España, pensadores como Valle-Inclán o Ciges Aparicio entrarían en la cárcel por criticar a la Casa Real. Los raperos Valtònyc o Pablo Hasél fueron condenados a prisión, entre otras cuestiones, por injurias a la Corona en los años 2018 y 2021 respectivamente. Valtònyc tuvo que dejar a su familia para exiliarse en Bélgica y no pudo despedirse de su madre cuando falleció. En el caso de Pablo Hasél fue encarcelado en febrero de 2021 y denegaron su indulto por «actitud antisocial». En uno de los juicios Hasél desarrolló un alegato por la libertad de expresión:

A ver si voy a ser yo el culpable de que el rey dilapide el dinero público yéndose de caza por África o que se compre el silencio de sus amantes. No soy culpable de eso. Me limito a contarlo. Son hechos objetivos independientemente de que uno sea monárquico o republicano. Lo hice por denunciar unas injusticias y voy a seguir haciéndolo. Los límites de la libertad de expresión son siempre para los mismos, siempre somos los antifascistas los que somos perseguidos y condenados.

El inviolable Juan Carlos I

A él, que jamás leyó un libro
le consagraron centros de investigación
y premios de poesía.
A él, que no le gustó nunca estudiar
le homenajearon con colegios, institutos
y una universidad.

A él, que jamás iría a uno público
lo llevaron a inaugurar hospitales.

[…] y le compraban yates,
silenciaban a la prensa,
hacían desaparecer los cadáveres y lo convertían
en uno de los tíos más ricos de Europa.

Era el gran campechano,
un día, de él, tal vez solo queden
retratos en Suiza

ANTONIO ORIHUELA, *El comisionista*

Entretanto, Juan Carlos I pasa sus días de vejez a cuerpo de rey en un resort de lujo en una isla privada de Abu Dhabi en los Emiratos Árabes propiedad del presidente del Manchester City. Durante la Transición los medios de comunicación vendieron que el rey Juan Carlos I era un monarca modélico y campechano que trajo la democracia. Sin embargo, siempre se mantuvo como un déspota que ha vivido al margen de la legalidad, la moral y la ética. Rebeca Quintans fue la primera periodista que contó la trama de corrupción de Juan Carlos I de manera clandestina con un rebuscado pseudónimo (Patricia Sverlo) que enmascaraba su nombre y editado por Pepe Rei, quien fuera responsable de la sección de investigación de *Egin* y director de *Ardi Beltza*. Fue voz de los sin voz, destapó las cloacas y el terrorismo del Estado, la corrupción del rey Juan Carlos I y por ello fue censurado y encarcelado.

Desde 1974, nos cuenta Quintans, España ha pagado a Juan Carlos I un euro por cada barril de petróleo importado que iba directamente a su bolsillo[4]. En

4 Quintans, R. (2016), *La biografía sin silencios*, Akal, Madrid.

los artículos 56 y 64 de la *sacrosanta* Constitución de 1978 se estableció que la persona del rey es inviolable y no está sujeta a responsabilidad, y de sus actos serán responsables las personas que lo refrenden.

Los delitos no investigados al inviolable Juan Carlos I son innumerables. No en vano ha sido uno de los mayores comisionistas de España con 2000 millones de euros amasados de patrimonio, como ejemplo de su descaro el dinero que se llevó a Suiza en un maletín lleno de billetes entregados por el sultán de Bahréin. Su intervención en la política del robo lo atestigua la carta que envió Juan Carlos I al Sha de Persia solicitando 10 millones de dólares para financiar la campaña electoral de la UCD de Adolfo Suárez en 1977. El Referéndum sobre el Proyecto de Ley para la Reforma Política en diciembre de 1976 consistió en una de las mayores estafas del Estado español contra la democracia. Suárez reconoció que metieron al rey porque en un hipotético referéndum entre Monarquía y República no saldría refrendado como monarca. Dos decenios más tarde salieron a la luz unas imágenes en las que Suárez confesaba los hechos de manipulación para consolidar la Monarquía. «La mayor parte de los jefes de Gobierno extranjeros me lo pedían. Hacía encuestas y perdíamos. Entonces yo metí las palabras Rey y Monarquía y de aquella manera pude decir que había sido sometido a referéndum ya», explicó tapándose el micrófono en la entrevista de la periodista Victoria

Prego. El historiador Emmanuel Rodríguez desarrolla en *Por qué fracaso la democracia en España* que debería conocerse como la Ley Torcuato, ya que fue diseñada por Torcuato Fernández-Miranda para aligerar todo el proceso de transición sin contar con la clase trabajadora[5].

La presunta participación en un Golpe de Estado militar en el que ni se le llamó en el juicio y que continúa siendo secreto de Estado hasta 2031. Su responsabilidad en la trama de terrorismo de Estado de los GAL como jefe supremo de las Fuerzas Armadas en aquel momento. El homicidio de su hermano en Estoril, al que mató con una escopeta cuando era cadete de la escuela militar y ya tenía 18 años. Nunca se le hizo autopsia al cuerpo y Franco pidió a Portugal que no abriera ninguna investigación. La pistola fue lanzada al mar por su padre Juan y el tema debidamente archivado. Amadeo Martínez Inglés pidió que se investigara la muerte a la Fiscalía de Portugal. La petición fue admitida, pero el Gobierno español y la Casa Real lo impidieron. El fallecimiento de la actriz Sandra Mozarowky cuando era su amante; según han relatado sus familiares estaba embarazada de 5 meses. Murió en extrañas circunstancias arrojada del balcón de su casa. Tenía 18 años y era menor de edad; en aquella época la

5 Rodríguez, E. (2015), *Por qué fracasó la democracia en España: La Transición y el régimen del 78*, Traficantes de sueños, Madrid.

mayoría de edad estaba estipulada en 21. La malversación de caudales públicos al utilizar dinero de forma delictiva para pagar chantajes a amantes como Bárbara Rey o Corinna Larsen. Asimismo, los gastos con dinero público en la finca de La Angorilla en la que se alojaba Corinna, donde fotografiaron en modo esperpéntico a Juan Carlos I, de cocinero en una barbacoa familia con una gorra al revés, bermudas de color amarillo chillón y el hijo menor de Corinna. La examante ha denunciado en Gran Bretaña a Juan Carlos I por acoso y amenazas. Esta beneficiaria y conocedora por dentro de la élite española describió a aquellos que viven de parasitar lo público: «España funciona como una oligarquía. Hay 100 personas que controlan el país entero y todos están involucrados entre sí». Corinna también denunció que Juan Carlos I se acogió a la amnistía fiscal para evasores de Montoro. El Gobierno de Pedro Sánchez no se atrevió a cumplir la promesa electoral de publicar los nombres de los que se beneficiaron de ella.

Las mujeres en la vida de Juan Carlos I que no eran en «b», también han actuado con bastante opacidad. Pilar de Borbón, hermana de Juan Carlos I, tuvo despacho en Banesto de Mario Conde sin hacer nada. Manejó sociedades *offshore*, apareció en los Papeles de Panamá por utilizar paraísos fiscales, usó una SICAV y una sociedad patrimonial para no pagar impuestos en España. Su todavía esposa Sofía, de convicciones ultracatólicas, sigue cobrando como reina emérita más de 120 000 euros, desde la abdicación de Juan Carlos I ha cobrado más de un millón de euros. En 2020 *elDiario.es* publicó que estaba siendo investigada por Anticorrupción por el uso de tarjetas opacas vinculadas a cuentas en el extranjero. La fundación de Sofía es financiada por Atresmedia, TVE, COPE, Mediaset y la Comunidad de Madrid de Isabel Díaz Ayuso.

Juan Carlos I ha gozado y goza de impunidad para sus fechorías y solo abdicó y fue relevado de su cargo cuando estaba en peligro el sistema monárquico de la Casa Borbón. En 2014 la élite empresarial y los sectores más reaccionarios auparon a su hijo Felipe VI para recuperar el prestigio perdido de la monarquía, institución y clave de bóveda de los intereses de poder del Estado español. Tapan los escándalos pasados, silencian cualquier crítica y llevan en volandas al actual monarca, mientras hacen leña del árbol caído y critican abiertamente a Juan Carlos I en nuevos *podcast*, series y libros con un relativo éxito que aparecen con gran proyección mediática como *XRey*, *Salvar al Rey* de HBO o *King Corp. El imperio nunca contado de Juan Carlos I* de David Fernández y José María del Olmo[6], que saltó a la fama por destapar el asunto de una supuesta hija ilegítima, Alejandra de Rojas. Uno de los primeros en desvelar las habituales tropelías de los miembros de la familia de los Borbones fue el coronel retirado Amadeo Martínez

6 Morán, G. (2015), *El precio de la transición*, Akal, Madrid.

Inglés, que calificó a Juan Carlos I de depredador sexual en *El rey de las cinco mil amantes*. Su abuelo Alfonso XIII, al que las movilizaciones populares forzaron al exilio con la victoria electoral de las fuerzas republicanas el 14 de abril de 1931, fue precursor de las películas pornográficas en España. Hoy día se ha abierto la veda y ya no tiene tanto mérito reprender contra el emérito. Fiscalía notificó que se opone a imputarlo. El monarca nombrado por Franco con inmunidad absoluta se irá de rositas sin ser llamado a declarar y tendrá que responder ante la historia, que será la única que lo juzgará.

La censura y el silencio mediático sobre el «ejemplar» Felipe VI

El 30 de enero de 1968, Jun Carlos I y su esposa Sofía tuvieron su primer hijo varón, Felipe Juan Pablo Alfonso de Todos los Santos de Borbón y Grecia. La viuda de Alfonso XIII, Victoria Eugenia, le dirá al dictador Franco, según muestra Gregorio Morán en *El precio de la Transición*: «Ahora ya puede usted escoger entre el abuelo, el hijo y el nieto». Desde que tuvo uso de razón, Franco sería el "abuelito" para Felipe de Borbón. Seis días después de la muerte de Franco, Juan Carlos I le entregó a su familia el Ducado de Franco por «su singular relieve en una gloriosa etapa histórica de nuestra Patria».

Los medios de comunicación en España muestran a Felipe VI como una persona ejemplar, austera y preparada, a diferencia de su padre. Nada más lejos de la realidad. No solo representa políticamente lo mismo que Juan Carlos I, sino que mantiene las estrechas relaciones con los jeques del Golfo Pérsico y sostiene un ramillete de colegas pijos que son los descendientes de los amiguetes de su padre. Como arquetipo: Javier López Madrid, el «compiyogui» al que Felipe VI y Letizia arroparon tras conocerse sus gastos con las tarjetas black de Caja Madrid. «Nos conocemos, nos queremos, nos respetamos. Lo demás, *merde*», le escribió Letizia por SMS[7]. López Madrid es el marido de la hija de Juan Miguel Villar Mir, que financió al PP y la aparición del partido de ultraderecha VOX a través del germen de Hazte Oír. Villar Mir fue nombrado marqués en 2011 y elegido vicepresidente de España en 1975 en el reinado de su íntimo Juan Carlos I. Su yerno, López Madrid, fue imputado con el excomisario Villarejo como autor del apuñalamiento a la doctora Pinto. La princesa heredera Leonor lleva su nombre en honor a la madre de este elemento: Leonor Madrid, fallecida en 2021.

7 Águeda, P. (2016), «Los reyes de España arroparon a López Madrid cuando estalló el escándalo de las tarjetas "black"», *elDiario.es*, en <https://www.eldiario.es/politica/espana-arroparon-lopez-madrid-tarjetas_1_4114836.html>.

Más corrupción ha rodeado el entorno cercano de Felipe VI. Del mismo modo, Francisco «Kiko» Sánchez Luna y José Luis «Pepote» Ballester, medallistas olímpicos de vela y amigos íntimos y compañeros de regatas de Felipe VI, fueron condenados por delitos de corrupción en sus respectivas etapas como, director general de deportes balear con Jaume Matas, «Pepote», y concejal del PP en el Ayuntamiento de Alicante, «Kiko». Felipe de Borbón no tuvo problemas en competir en 2012 en el mismo barco con «Kiko» de armador cuando ya había sido imputado[8].

De igual forma a Felipe VI le une una gran amistad con Borja Prado y Colón de Carvajal, presidente de Mediaset en España y mano derecha de Berlusconi en la empresa mediática, y de Florentino Pérez en la Superliga de fútbol que había ideado. Borja Prado está siendo investigado en Francia por pagos a Sarkozy en el Mundial de la vergüenza en Qatar. Es el hijo de Manuel Prado y Colón de Carvajal, «El Manco», testaferro y gran muñidor de la fortuna de Juan Carlos I.

La monarquía española ha consolidado sus vínculos con el poder profundo y militar de los Estados Unidos. Felipe de Borbón concluyó allí su crucero

8 Lobo, J. L. (2012), «El armador del barco del Príncipe Felipe se sienta en el banquillo por corrupción», *El Confidencial*, en <https://www.elconfidencial.com/espana/2012-06-20/el-armador-del-barco-del-principe-felipe-se-sienta-en-el-banquillo-por-corrupcion 225767/>.

de instrucción a bordo del buque escuela *Juan Sebastián de Elcano*, estudió en el internado masculino elitista de Lakefield School en Canadá, y cursó el máster de Relaciones Internacionales en la Universidad de Georgetown en Washington tras acabar el autoservicio del plan de estudios de Derecho y Económicas en la Universidad Autónoma de Madrid, en el colegio Rosales bajo el tutelaje de Manuel Terán y su etapa en la academia militar de Zaragoza.

Las vacaciones de la Casa Real suelen producirse con bufé libre y vistas al mar en el Palacio de Marivent, que se lo apropió ilegalmente el dictador Franco y fue utilizado como prebenda por los Borbones. El PP adjudicó a dedo el servicio de mantenimiento a una empresa de Florentino Pérez. La filial de ACS fue condenada por cobrar 292 000 euros públicos por la limpieza de Marivent sin contraprestación.

Las aficiones de Felipe VI nunca dejaron de ser elitistas, con viajes para esquiar en Baqueira Beret, practicar vela en Palma de Mallorca, los toros, la caza o ir de fiesta a Pachá de joven. En 1997 el diario *El País* publicaba «Pachá, cómo baila… don Felipe». En 2002 el entonces príncipe Felipe decidió beneficiarse de un casoplón propio y levantó un edificio de tres alturas y 1800 metros cuadrados que nos costó 4,3 millones de euros, según datos oficiales. La formación muy de derechas recibida por Felipe ha marcado sus posicionamientos ideológicos en la cuestión catalana. El procés independentista lo puso contra las cuerdas y lo destapó tal cual sin un ápice de comprensión más allá del españolismo rancio de la unidad de la Patria. El Centre d'Estudis d'Opinió de la Generalitat ha publicado que el 72% de los catalanes prefiere república y solo 15% es partidario de la monarquía. El CIS (Centro de Estudios Sociológicos) no pregunta por la Casa Real desde hace más de ocho años. El actual monarca se ha centrado en proyectar una imagen adaptada a los tiempos a través de los medios de comunicación y del blanqueamiento de imagen que otorga el mundo del deporte. Felipe abanderó al equipo español en la ceremonia inaugural de los Juegos Olímpicos de Barcelona y presentó el programa «España salvaje» con un gran dispendio en la televisión pública. «De no ser lo que soy... sería periodista», se envalentonó a manifestar. Posteriormente se casaría con la periodista Letizia Ortiz. Ambos son conocedores del poder mediático y los protege un muro de silencio y censura para evitar cualquier tipo de polémica en prensa. Como antecedente, la televisión vasca *ETB* tuvo que disculparse ante la Casa Real por calificar de «buitre» al entonces príncipe heredero y la Ertzaintza detuvo al concejal socialista Koldo Méndez de Berriz (Vizcaya) por injurias a la pareja real. Además, los viñetistas Manel Fontdevila y Guillermo Torres de la revista *El Jueves* fueron condenados por injurias por un dibujo de una postura sexual de Felipe y Letizia: «¡Se nota que vienen elecciones! 2500 euros por niño. ¿Te das cuenta? Si te quedas preñada... ¡Esto va a ser lo más parecido a trabajar que he hecho en mi vida!». La vicepresidenta De la Vega del PSOE defendió el secuestro de la revista como garantía del respeto a las instituciones. Cándido Conde-Pumpido, entonces fiscal y en este momento presidente del Tribunal Constitucional, aseguró que la retirada de la revista restauraba la legalidad. Por añadidura a estos castigos que reconvierten derechos en delitos, se unen detenciones indiscriminadas de republicanos en protestas o de trabajadores en huelga. Cuando Felipe de Borbón fue a inaugurar la estafa de Terra Mítica con el procesado Eduardo Zaplana del PP, los policías cargaron duramente contra los bomberos que se quejaban por sus condiciones laborales.

La otra mentira del 11-M

Letizia y Felipe presentaron su boda en 2004 como el eslabón que garantizaba la dinastía de los Borbones y celebraron la ceremonia por todo lo alto. Pagaron los contribuyentes. Engalanar Madrid para la boda real costó más de 7 millones de euros y el dispositivo seguridad para el evento 6,3 millones. El cantante Nacho Cano compuso la sinfonía por petición Alberto de

Ruiz Gallardón, que también pactó con Esperanza Aguirre que el transporte público fuera gratis el día de la boda y repartieron billetes conmemorativos de Cercanías.

Tras los atentados terroristas del 11 de marzo, los príncipes decidieron suspender la luna de miel en solidaridad con las víctimas del 11-M y sus familias. «Todos nos sentimos víctimas». Al menos eso fue lo que explicaron. No obstante, engañaron a los ciudadanos, como el Gobierno de Aznar sobre la autoría de los atentados. Viajaron en jet privado por Jordania, Camboya, Samoa, California, México y se alojaron en una isla privada de Fiji. La luna de miel secreta de Felipe y Letizia fue en pleno luto por el 11-M. El viaje costó 467 000 dólares, lo organizó Corinna y se tapó en los medios de España. *The Telegraph* desveló que la mitad la pagó Josep Cusí, testaferro de Juan Carlos I que había sido armador del *Bribón* donde tripulaban juntos. El mismo diario británico expuso que Felipe VI era beneficiario de la fundación creada por Juan Carlos I que recibió 100 millones de euros de Arabia Saudí. Felipe VI era conocedor del tinglado y no renunció a la herencia de su padre hasta que saltó a luz pública. En el funeral de la hermana de Letizia, Érika Ortiz, que se suicidó en 2007 y murió por consumo masivo de tranquilizantes, su pareja, Antonio Vigo, insultó al rey Juan Carlos: «¡Tú tienes la culpa, hijo de puta!». Los Ortiz culparon a los Borbones de no haberla protegido[9]. La sobrina de Letizia Ortiz y Felipe, e hija de la fallecida Érika, Carla Vigo, ha desvelado sus problemas de salud mental y explicó su ingreso hospitalario a causa de la bulimia que padece.

Los sobrinos que más dolores de cabeza dan a los reyes son la pareja Froilán y Victoria Federica, cuarto y quinta en la línea de sucesión al trono. Ambos tuvieron que cambiarse de instituto para poder aprobar asignaturas y dispusieron de tarjeta black de su abuelo Juan Carlos I para gastar en lo que quisieran en El Corte Inglés y usar Uber. La compra de una yegua de Victoria Federica por parte de la infanta Elena se investiga por blanqueo de capitales. Han estado envueltos en todo tipo de follones: multas, accidentes de coche de madrugada sin prueba de alcoholemia, capeas con embestidas de vaquillas, manifestaciones ultraderechistas en Colón, fiestas de discoteca con tiroteos y reyertas con navajas en *after* ilegales, atropello con el coche de caballos sin atender a la víctima, saltarse el confinamiento para acudir a Marbella con todo el lujo en lo peor de la pandemia…

Mientras, Victoria Federica sale en portada de revistas y la intentan vender como icono de la moda sin gran éxito, su hermano Froilán se ha marchado a Abu Dhabi enchufado por su abuelo en la petrolera ATC

9 Faccio, L. (2022), *Letizia. La reina impaciente.* ¿Qué *significa ser reina en el siglo XXI?*, Debate, Barcelona.

de Arabia Saudí, sin experiencia previa, por 120 000 euros anuales y se librará de declarar presencialmente en el juicio por la reyerta en una discoteca de Madrid.

Viajó a los Emiratos Árabes junto a Nicolás Murga, el coronel que se convirtió en testaferro de su abuelo el ladrón y que ha sido subvencionado por el Gobierno de Ayuso.

Como establecieron en el caso Nóos de Iñaki Urdangarin y la infanta Cristina, los reyes han jugado la misma baza para desmarcarse de cualquier aspecto relativo a sus sobrinos. Una cosa es la Casa Real y otra la que incumbe a la Familia Borbón, aunque se trate de una monarquía hereditaria. La Audiencia de Palma rechazó que Felipe testificara en el juicio del caso Nóos en el que fue condenado Urdangarin y absuelta la infanta, que «no sabía nada» de contabilidad ni de lo que firmaba mientras era directora de La Caixa. Su exsocio Diego Torres intentó demostrar que el entonces príncipe heredero, Felipe, tenía conocimiento de las actividades de Urdangarin con correos electrónicos en los que pedía que intercediera en sus negocios. «Felipe, qué tal, cómo te trata la vida… yo aquí ganándome el jornal. Coméntame algo, *please*…»[10].

10 El Tribunal Supremo condenó a Iñaki Urdangarin a 5 años y 10 meses de prisión por malversación, prevaricación, fraude, dos delitos fiscales y tráfico de influencias en el «caso Nóos», <https://www.poderjudicial.es/cgpj/es/Poder-Judicial/Noticias-Judiciales/El-Tribunal-Supremo-condena-a-Inaki-Ur-

Si Corinna organizó la luna de miel de Felipe, el que preparó la despedida de soltero del rey fue su cuñado Urdangarin. En la lista de invitados aparecen nombres como: Álvaro Fuster y López Madrid, con los que coincidió en el colegio pijo Santa María de los Rosales; su cuñado Marichalar; sus primos Juan, Beltrán y Bruno Gómez-Acebo; Alfonso Zurita; Pelayo Primo de Rivera, bisnieto del dictador Primo de Rivera; el príncipe Nikolaos de Grecia; Kubray y Kardam de Bulgaria; el regatista Fernando León; el coronel de la Guardia Civil Jandri Hernández Mosquera; el almirante Jaime Rodríguez-Toubes; Marcos Álvarez Royo-Villanueva, hijo de José Luis Álvarez, alcalde de Madrid y ministro en la UCD de Suárez; Perico López Quesada; el multimillonario griego Markos Nomikos; el empresario venezolano Lorenzo Mendoza; o Christopher Dennis de sus tiempos de internado en Canadá. El monarca había experimentado en este tipo de despedidas de soltero como príncipe heredero. La estríper Chiqui Martí, que se hizo famosa en *Crónicas Marcianas*, confesó que en una despedida de solteros que la contrataron a principios de los 2000 en un palacio pilló a Felipe[11].

dangarin-a-5-anos-y-10-meses-de-prision-por-malversacion--prevaricacion--fraude--dos-delitos-fiscales-y-trafico-de-influencias-en-el--caso-Noos->.

11 Porras, D. (2021), «Chiqui Martí revela qué pasó en una despedida de soltero donde pilló a Felipe», *ElNacional.cat*, en <https://

En cada aniversario del 11-M conviene recordar la gran mentira de Felipe VI y Letizia. Aseguraron que no harían luna de miel por respeto a las víctimas. Acabaron escapándose en jet privado organizado por Corinna y pagado por Josep Cusí, testaferro de Juan Carlos.

---

www.elnacional.cat/enblau/es/casa-real/chiqui-marti-despedida-soltero-rey-felipe-silla-striptease_599213_102.html>.

La Iglesia
La cruzada contra la democracia

Ley contra el cristianismo. Guerra a muerte contra el vicio: el vicio es el cristianismo. La predicación de la castidad es una incitación pública a la contranaturaleza. Todo desprecio de la vida sexual, toda impurificación de la misma con el concepto de «impuro» es el auténtico pecado contra el espíritu santo de la vida.

FRIEDRICH NIETZSCHE, *El Anticristo*

La miseria religiosa es, por una parte la expresión de la miseria real y, por la otra, la protesta contra la miseria real. La religión es el suspiro de la criatura oprimida, el corazón de un mundo sin corazón, así como es el espíritu de una situación carente de espíritu. Es el opio del pueblo. El cristianismo imparte a los hombres una doble vida y ofrece los goces imaginarios del cielo como una solaz para las miserias reales de esta vida. La religión aporta satisfacciones imaginarias o fantásticas que desvían cualquier esfuerzo racional por encontrar satisfacciones reales.

KARL MARX, *Introducción para la crítica de la filosofía del derecho de Hegel*

La iglesia practica todos los pecados, pero los condena todos también, así disimulan atacando al prójimo lo que hacen ellos.

NIEVES CONCOSTRINA

Tú verás, Teresa: o calladita con convento nuevo, o escritora y en la hoguera.

CRISTINA MORALES,
Últimas tardes con Teresa de Jesús

Propaganda y privilegios

La religión ha sido uno de los productos publicitarios mejor diseñados, prometiendo a los consumidores nada más y nada menos que la vida eterna. No en vano, el primer poeta en castellano es Gonzalo de Berceo, clérigo del monasterio de San Millán de la Cogolla con los *Milagros de Nuestra Señora*[12]. Para atraer a la gente Berceo defendía la fe en la Virgen porque daba el paraíso a los que creían, y de esta forma te salvabas, aunque asesinaras o violaras. Antonio Machado le hizo un homenaje:

> El primero es Gonzalo de Berceo llamado,
> Gonzalo de Berceo, poeta y peregrino,
> que yendo en romería acaeció en un prado,
> y a quien los sabios pintan copiando un pergamino.
> Trovó a Santo Domingo, trovó a Santa María,
> y a San Millán, y a San Lorenzo y Santa Oria
> y dijo: Mi dictado non es de juglaría;
> escrito lo tenemos; es verdadera historia.
> Su verso es dulce y grave: monótonas hileras
> de chopos invernales en donde nada brilla;
> renglones como surcos en pardas sementeras,
> y lejos, las montañas azules de Castilla.
> Él nos cuenta el repaire del romero cansado; leyendo en santorales y libros de oración, copiando his-

12 Ferrari N., E.; Enríquez, S. J. M.; Pérez, R. C.; Otero, L. L. y Pérez, R. D. (2015), *Teoría y práctica educativa de los derechos humanos*, Tirant lo Blanch, València.

torias viejas, nos dice su dictado, mientras le sale afuera la luz del corazón.

En el libro *Imperiofilia y el populismo nacional-católico*, el catedrático José Luis Villacañas[13] desgrana los efectos de una Inquisición que forjaría una comunidad negativa. El tribunal de La Inquisición fue una máquina de división social otorgándose la capacidad de generar dos grupos humanos: «La relación de la Inquisición con la población fue la de generar el miedo de todo particular a ser investigado y se rompió todo vínculo comunitario real».

En España, donde una de las formas del fascismo ha sido el nacionalcatolicismo, los medios de comunicación han jugado un papel muy importante en la ocultación sistemática de los miles de casos de abusos sexuales a menores en la Iglesia. La Conferencia Episcopal Española controla *COPE*, *Trece TV*, *Cadena 100*, *Rock FM*, a través de la plataforma Ábside Media. Su poder mediático es inmenso. Tiene en cartera con sueldos millonarios a Carlos Herrera, locutor de radio mejor pagado (7 millones de euros anuales) y al afamado equipo de *Deportes*, con Juanma Castaño, Paco González o Manolo Lama, que superan cada uno el millón de euros. Carlos Herrera estaba en

13 Villacañas, J. L. (2019), *Imperiofilia y el populismo nacional-católico*, Lengua de Trapo, Madrid.

contra de subir los salarios y decía que llevaría a la destrucción de las empresas. Herrera fue condenado por utilizar una sociedad pantalla para no pagar impuestos a Hacienda. La inversión de fondos de la Iglesia solo para *Trece TV* multiplica por cinco lo que destina a Cáritas[14].

Ya no es solo que las órdenes religiosas gocen de la propaganda a través de grandes medios de comunicación, sino que pagamos morteradas de dinero público a fondo perdido a la Iglesia, en cuestiones como tener atención religiosa con capellanes en los hospitales, en el caso de la Comunidad de Madrid, con un millón de euros de gasto. Desde el Concordato entre el Estado español y la Santa Sede, en 1953 con Franco, opera con todo tipo de privilegios fiscales y robos como las inmatriculaciones y la expropiación de bienes con nocturnidad y alevosía. Ninguna administración pública se ha atrevido a tocar estos privilegios, el Gobierno de Pedro Sánchez acordó que la Iglesia ortodoxa, budistas, testigos de jehová y mormones gozarán de los mismos privilegios fiscales que la Iglesia católica y tampoco tendrán que pagar el IBI ni el impuesto de sociedades en España.

14 ElPlural.com (2020), «Así destina sus fondos la Iglesia: casi cinco veces más para Trece TV que para Cáritas», *ElPlural.com*, en <https://www.elplural.com/politica/espana/destina-fondos-iglesia-trece-tv-caritas_233434102>.

La Iglesia católica también se ha visto involucrada en escándalos de corrupción financiera, como el caso Gescartera que sacó a relucir la opacidad de sus inversiones y en el que un nutrido grupo de congregaciones religiosas se vieron envueltas en la estafa del chiringuito montado por Antonio Camacho, con 2500 millones de pesetas invertidos por episcopados, parroquias, órdenes religiosas como clarisas, agustinos, salesianos, organizaciones como la ONG Manos Unidas, Banco de Alimentos y la Fundación Universitaria San Pablo CEU. Otro de los casos paradigmáticos fue el pelotazo urbanístico de la Fundación Fusara (Fundación Santamarca y de San Ramón y San Antonio), con la venta de edificios, que habían sido donados para los pobres de Madrid, a una sociedad vinculada a Ana Julia Agag, cuñada de Ana Aznar Botella y que estuvo empadronada en la casa del pequeño Nicolás. El Arzobispado de Madrid fue exonerado de una millonaria venta fraudulenta de inmuebles[15]. La Iglesia gastó parte de los ingresos en seguir comprando más terrenos para el negocio inmobiliario con la construcción de oficinas en Madrid.

15 Bastante, J. (2023), «El Arzobispado de Madrid, exonerado de una millonaria venta fraudulenta de inmuebles», *elDiario.es*, en <https://www.eldiario.es/sociedad/arzobispado-madrid-exonerado-millonaria-venta-fraudulenta-inmuebles_1_10254533.html>.

Nido de pedófilos

En la película *Spotlight*, ganadora del Óscar y basada en hechos reales sobre el equipo de periodistas de investigación del *Boston Globe*, uno de los reporteros manifiesta: «Demostraremos que es algo que va desde la cúpula de la Iglesia hasta los sacerdotes. Vamos a por el sistema». Los reporteros sacaron a la luz el escándalo de pederastia cometido por los sacerdotes en Massachussets. Destaparon el entramado criminal de pedófilos y la Iglesia católica lo intentó silenciar con todas sus fuerzas[16].

Rouco Varela, que fue arzobispo de Madrid y cardenal con gran poder en España, ha sido implicado en amparar y frenar denuncias por abusos sexuales a los sacerdotes José Martín de la Peña y Rafael Sanz Nieto. Lo denunció en *La Iglesia en España (1977-2008)* el periodista combativo Alfredo Grimaldos[17]. La boda de Felipe VI y Letizia fue oficiada por este obispo ultra. Rouco fue alumno de Teología con Benedicto XVI. Asimismo, el propio Joseph Ratzinger estaba imputado por encubrimiento de abusos sexuales a menores. Iba a ser el primer pontífice juzgado por casos de abusos

16 *Spotlight* (2015), película dirigida por Tom McCarthy, que cuenta la historia de cómo el equipo de investigación del diario *The Boston Globe* desenmascaró la trama de abusos sexuales en la Iglesia católica.

17 Grimaldos, A. (2008), *La Iglesia en España (1977-2008)*, Península, Barcelona.

en la Iglesia. La justicia alemana dio por hecho que fue cómplice de los mismos. Murió antes de declarar y pidió a su secretario destruir todos sus documentos privados. En España han puesto al lobo a cuidar de las ovejas y la auditoría de los abusos sexuales de la Iglesia en España ha sido encargada a Cremades & Calvo-Sotelo, el bufete de abogados vinculado al Opus Dei de Rouco Varela y del que es socio el ultraderechista Juan Carlos Girauta. Tanto PP como VOX no apoyaron la comisión de investigación sobre los abusos sexuales de la Iglesia. Así ampara la ultraderecha las violaciones a menores por parte de los curas, el mayor nido de pederastas que existe.

La Asociación de Abogados Cristianos no se ha ofrecido a llevar ninguna acusación de las víctimas de abusos sexuales en la Iglesia. La investigación del Defensor del Pueblo situó el número de víctimas de pederastia en 440 000. Sin embargo, la Iglesia no tendrá que hacer frente a indemnizaciones. El diario *El País* ofrece una base de datos con más de 1000 casos de pederastia en el clero español. Por número de acusados por diócesis responsable se llevan la palma los Jesuitas con 155, seguido de Maristas con 133 acusados, Salesianos 107, La Salle 60, Escolapios 38, Claretianos 26 y Legionarios de Cristo 14[18]. Algunos de los nombres del listado de pederastas más actuales son:

18 Domínguez, Í. y Núñez, J. (2023), «Base de datos de *El País*: todos los casos conocidos de abusos en la Iglesia española»,

- Ángel Sánchez Cao. Fue sacerdote en Veigamuiños (Ourense) y abusó sexualmente de niños de 10 años. Pudo seguir dando misas impunemente[19].
- Antonio Lax Zapata. Ha sido condenado a 7 años de prisión por abusos sexuales en Murcia[20].
- Ignacio Lajas. Cura condenado a 16 meses de prisión por pertenencia a red de pornografía infantil y corrupción de menores. No ingresó en la cárcel y la Iglesia lo mantuvo en activo. El obispo de Cáceres lo volvió a recolocar en una parroquia[21].
- Joaquim Calvet. Cura condenado a 9 meses de prisión por pornografía infantil. Tenía 39 gigas de material pedófilo en el PC. El colegio religioso Pare Manyanet de Sant Andreu (Barcelona)

---

en <https://elpais.com/sociedad/2023-06-26/base-de-datos-de-el-pais-todos-los-casos-conocidos-de-abusos-en-la-iglesia-espanola.html>.

19 Cruz, J. M. (2021), «La iglesia condena a Ángel Sánchez Cao por abuso a menores», *La Región*, en <https://www.laregion.es/articulo/valdeorras/iglesia-condena-sanchez-cao-abuso-menores/202112220526041092776.html>.

20 Núñez, J. (2023), «Condenado a nueve años de cárcel un cura de Murcia por abusar de dos menores», *El País*, en <https://elpais.com/sociedad/2023-03-09/condenan-a-nueve-anos-de-carcel-a-un-cura-de-murcia-por-abusar-de-dos-menores.html>.

21 Gil, J. (2018), «La Iglesia mantuvo en activo a un cura condenado por distribuir pornografía infantil», *El País*, en <https://elpais.com/sociedad/2018/11/22/actualidad/1542908782_070986.html>.

abrió expediente al informático que denunció el caso y sufrió ataques de ansiedad[22].

- José Antonio Villena. Amigo personal del presidente Juanma Moreno del PP en Andalucía. Ha sido expulsado de la Iglesia por presuntos abusos sexuales a jóvenes, abusos de poder e irregularidades financieras[23].
- Juan José Gómez. Era misionero salesiano. Abusó sexualmente de varios niños africanos. La Iglesia tardó 7 años en expulsarlo[24].
- Juan Miguel Ramírez. Era profesor de religión en el colegio concertado Sta. María de Guadalupe en Córdoba. Fue condenado a 20 años de prisión

22 Sánchez, G. (2023), «Condenado el cura pedófilo del Pare Manyanet denunciado por el informático al que el colegio castigó», *El Periódico*, en <https://www.elperiodico.com/es/sociedad/20230321/condenado-cura-pare-manyanet-denuncio-informatico-84979644>.

23 Insurgente.org (s.f.), «¿Quién es este sacerdote amigo del Presidente de la Junta de Andalucía?», *insurgente.org*, en <https://insurgente.org/quien-es-este-sacerdote-amigo-del-presidente-de-la-junta-de-andalucia/>.

24 Núñez, J. y Domínguez, Í. (2021), «El Vaticano expulsa a un salesiano español por abusos de niños en Benín», *El País*, en <https://elpais.com/sociedad/2021-02-07/el-vaticano-expulsa-a-un-salesiano-espanol-por-abuso-de-ninos-en-benin.html>.

por abuso sexual a 4 alumnas de 13 años. Los Franciscanos no lo apartaron[25].

- Manel Sales. Misionero de la Escuela Pía de Catalunya que abusó sexualmente de niños en Senegal. Fue encubierto durante 25 años[26].
- Manuel Cociña. Este cura del OPUS abusó sexualmente de jóvenes durante 30 años en Sevilla. Ha sido condenado solo a 5 años sin predicar[27].
- Marcial Maciel. Fundador de los Legionarios de Cristo, violó a más de sesenta menores durante décadas[28].

25 Jiménez, P. (2023), «El Supremo confirma 20 años de cárcel a un franciscano que daba clases en un colegio de Córdoba por tocamientos a 4 menores», *SER*, en <https://cadenaser.com/nacional/2023/12/25/el-supremo-confirma-20-anos-de-carcel-a-un-franciscano-que-daba-clases-en-un-colegio-de-cordoba-por-tocamientos-a-cuatro-menores-cadena-ser/>.

26 La Vanguardia Barcelona (2023), «Escola Pía admite haber ocultado 25 años los "múltiples" abusos sexuales de un misionero en Senegal», *La Vanguardia*, en <https://www.lavanguardia.com/vida/20230629/9075510/abusos-sexuales-manel-sales-escolapio-senegal.html>.

27 Pérez, F. (2020), «Condenado un cura del Opus Dei por unos abusos sexuales ocurridos en Sevilla», *Diario de Sevilla*, en <https://www.diariodesevilla.es/sevilla/Condenado-cura-Opus-Dei-abusos-sexuales-Sevilla_0_1480052295.html>.

28 Bastante, J. (2019), «Los Legionarios de Cristo admiten que su fundador, Marcial Maciel, violó a más de sesenta menores durante décadas», *elDiario.es*, en <https://www.eldiario.es/sociedad/legionarios-cristo-admiten-marciel-maciel_1_1175893.html>.

- Oliver Fernández. Sacerdote de Valladolid que enviaba mensajes sexuales y vídeos masturbándose a una niña rumana de 13 años que pedía limosna en la iglesia. Hoy ha dicho en el juicio que la víctima lo engatusó. En 2019 recibió la «medalla de los ángeles» por parte de la Policía[29].
- Pedro Jiménez Arias. Ha sido condenado a 30 años de cárcel por abusos sexuales a 7 niños de 13 años. Dijo en el juicio que eran meros juegos y que les tocaba el pene para que le echaran huevos al curso[30].
- Segundo Cousido. Era profesor de religión en los Salesianos en Vigo. Está condenado por seis delitos de abusos sexuales a menores. Los niños sufren estrés postraumático con pesadillas[31].

29 Casal, L. (2021), «Óliver, el cura acosador reincidente condenado por abusar de una niña de 13 años en Valladolid», *El Español*, en <https://www.elespanol.com/reportajes/20210211/oliver-cura-acosador-reincidente-condenado-abusar-valladolid/557945797_0.html>.

30 Domínguez, Í. (2022), «El Supremo confirma la condena de 30 años a un excura del seminario de Ciudad Real por abusar de siete menores», *El País*, en <https://elpais.com/sociedad/2022-09-13/el-supremo-confirma-la-condena-de-30-anos-a-un-excura-del-seminario-de-ciudad-real-por-abusar-de-siete-menores.html>.

31 R. Pontevedra, S. (2023), «En busca y captura el salesiano de Vigo condenado a 32 años de prisión por abuso de menores», *El País*, en <https://elpais.com/sociedad/2023-03-01/

Abogados Cristianos y la persecución a la libertad de expresión

La persecución de la libertad de expresión por parte de la Iglesia ha sido constante a través del artefacto ideológico de litigios Abogados Cristianos. La chirigota «Aquí estamos de paso» fue reprobada por las Cofradías de Cádiz y la Iglesia católica estudió llevarla a los tribunales. España es uno de los pocos países de la Unión Europea que todavía contiene en su Código Penal delitos de «ofensa religiosa». Aparece en el artículo 525 del Código Penal y data de 1995:

> Incurrirán en la pena de multa de ocho a doce meses los que, para ofender los sentimientos de los miembros de una confesión religiosa, hagan públicamente, de palabra, por escrito o mediante cualquier tipo de documento, escarnio de sus dogmas, creencias, ritos o ceremonias, o vejen, también públicamente, a quienes los profesan o practican.

El actor Willy Toledo fue juzgado por cagarse en Dios y en la Virgen María. «Soy ateo. Me cago en Dios cada día y lo seguiré diciendo», respondió. Además, una mujer feminista fue condenada por la procesión de una

---

en-busca-y-captura-el-salesiano-de-vigo-condenado-a-32-anos-de-prision-por-abuso-de-menores.html>.

gran vagina de plástico por «vilipendiar sentimientos religiosos» con la Hermandad del Coño Insumiso. Los humoristas de *TV3* (Judit Martín, Toni Soler y Jair Domínguez), que hicieron una parodia sobre la Virgen del Rocío, también fueron imputados. El caso fue archivado. Asimismo, los editores de la revista satírica *Mongolia* (Darío Adanti y Pere Rusiñol) han sido llamados a declarar por una denuncia interpuesta por Manos Limpias contra una portada que evocaba un belén. También han entrado en busca de censura en las nuevas plataformas con denuncias al tiktoker Trakatrá por delito de profanación al grabar un vídeo satírico en una iglesia. La justicia archivó el caso contra el artista Abel Azcona tras otra denuncia de Abogados Cristianos por una obra en la que mostraba la palabra «pederastia» conformada por 242 hostias consagradas.

No hay mejor forma para entender el poder de cofradías en España que observar el documental *Rocío*, primera película secuestrada judicialmente del régimen del 78. Explica el aberrante clasismo de hermandades y la relación con la represión franquista y el asesinato de republicanos.

La reacción frente a la escuela pública

Vivimos tiempos de reacción a los valores históricos republicanos de la escuela pública. Las órdenes religiosas controlan casi la mitad de las instituciones educativas en España. La influencia que la Iglesia ejerce en la educación de la juventud y su posición en el ámbito educativo continúan siendo claves, a pesar de que cada vez se nota menos su mano y apenas uno de cada diez jóvenes españoles se declara católico practicante.

La nueva lucha reaccionaria en las aulas a través del pin parental consiste en un asalto a la escuela pública por parte de la ultraderecha de VOX junto a la Iglesia para reforzar las escuelas privadas católicas financiadas con fondos públicos, desacreditar a los profesores, acabar con esta conquista social y lo que significa ser ciudadanos. En definitiva: liquidar el discurso del maestro republicano Don Gregorio en *La lengua de las mariposas* de Manuel Rivas, interpretado por Fernando Fernán Gómez en la película dirigida por José Luis Cuerda: «Si conseguimos que una generación crezca libre en España ya nadie les podrá arrebatar nunca ese tesoro de la libertad». El fascismo siempre incentiva el odio al profesorado: «Desafiad a esos profesores progres que os suspenden por llevar la pulsera de VOX. Educamos a nuestros hijos conforme a nuestras convicciones. La educación de nuestros hijos y la formación moral es nuestra competencia y ellos no tienen la patria potestad. Son una legión de profesores progres que se aprovechan de la legislación para adoctrinar», proclamó en un mitin el líder ultraderechista Santiago Abascal. El brazo de letrados de Abogados Cristianos también ha denunciado a un instituto por usar en clase el cómic que inspiró *La vida de Adèle* y una profesora feminista fue señalada en València con una pintada nazi. Esta estrategia de señalamiento es la misma que empleó Javier Negre (propietario del medio de comunicación de bulos *Estado de Alarma* e hijo del teniente-alcalde Javier García del PP en Marbella con Ángeles Muñoz, la «Titi» para los narcos en Puerto Banús) publicando la identidad de nueves profesores catalanes de la Seu d'Urgell (Lleida) acusándolos falsamente de adoctrinamiento.

En *Iglesia S.A. Dinero y poder de la multinacional vaticana en España*[32] el periodista andaluz Ángel Munárriz examina todos los privilegios fiscales, culturales y educativos adquiridos por la Iglesia católica en España y cómo vive gracias a la inyección de dinero público de las «paguitas» del Estado. En el caso de la educación necesita un sistema público frágil para ocupar esos espacios con su red de colegios y universidades privadas católicas. España es uno de los países con más centros escolares concertados de toda Europa y más del 32% de los estudiantes de primaria y secundaria estudian en 19 000 centros educativos de gestión privada, en su mayoría centros concertados de la Iglesia subvencionados en su práctica totalidad a fondo perdido. El sociólogo

32 Munárriz, A. (2019), *Iglesia S.A. Dinero y poder de la multinacional vaticana en España*, Akal, Madrid.

César Rendueles apunta que la confesionalidad no es una cuestión tan importante para las familias que acuden a estos centros sino el elitismo educativo que proporcionan:

> La red de enseñanza concertada constituye un elemento central en el sistema de lealtades sociales que durante décadas ha vertebrado el régimen político español. El sistema de conciertos educativos ha sido la forma en que el Estado ha asegurado a la clase media la transmisión de su patrimonio social y cultural como herramienta de discriminación social[33].

En *Infolibre*, Munárriz explica que la educación privada de los colegios privados-concertados ha batido en 2023 el récord de gasto público con 7200 millones de euros. Más de 82% de los colegios privados religiosos tienen concierto con la Administración[34] y el 65% de los colegios concertados están en manos de la jerarquía católica.

33 Rendueles, C. (2016), «Elitismo educativo, escuelas concertadas y bilingüismo», *Espejismos Digitales*, en <https://espejismosdigitales.wordpress.com/2016/03/18/elitismo-educativo-escuelas-concertadas-y-bilinguismo/>

34 Munárriz, Á. (2023), «La educación concertada recibe 7200 millones en su séptimo récord seguido», *infoLibre*, en <https://www.infolibre.es/politica/concertada-bate-septimo-record-seguido-dinero-publico_1_1476754.html>.

Los dogmas de la ideología ultracatólica persisten en las aulas con el aleccionamiento religioso a menores en la escuela. Por ejemplo, el colegio concertado Divino Pastor de Málaga paseó públicamente a sus alumnos y alumnas de ocho años en una procesión de Semana Santa vestidos con uniformes de la Legión con armas. El autor Enrique Javier Díez en *Pedagogía antifascista*[35] explica que es una «aberración que solo pasa en España y Polonia, de un neofascismo legitimado por el capitalismo y el fundamentalismo integrista religioso apoyado por una parte de la jerarquía eclesiástica española», por lo que es un trabajo de todos los progresistas defender sin tapujos una educación laica que respete la libertad de conciencia de las niñas y niños, que eduque sin dogmas carpetovetónicos y elimine toda forma de adoctrinamiento del currículo escolar y de la escuela. La Fiscalía archivó el caso de los gritos machistas en el colegio mayor ultracatólico Elías Ahuja en Madrid: «¡Putas, salid de vuestras madrigueras como conejas!». Entre los ponentes en charlas de este colegio mayor han aparecido Fernando Grande-Marlaska, Begoña Villacís, Rocío Monasterio, Santiago Abascal, Rosa Díez o Carles Campuzano. De este Colegio Mayor de cayetanos salen los futuros fiscales, jueces y dirigentes políticos en España, de donde Esperanza Aguirre fichó a su cachorro Pablo Casado. *La Marea* publicó un texto que

35 Díez, E. J. (2022), *Pedagogía antifascista*, Octaedro, Barcelona.

escribió Casado en el que ironizaba con ir de caza de lobas y zorras y fantaseaba con salir en manada y ser parte de una raza superior[36].

Como canta La Polla Records:

Hay que estar majareto
Para hablar de amor de Dios
y al mismo tiempo
en sus escuelas
preparar los cuadros de mando
de la represión fascista.
¿Cómo se puede ser tan fariseo?

Las sectas de los crucifijos: El Yunque y Hazte Oír

La secta de El Yunque es una organización secreta ultracatólica y paramilitar creada en México para «luchar contra las fuerzas de Satanás» que conspira contra la democracia y recluta a jóvenes para adoctrinarlos y adiestrarlos en el combate físico e ideológico contra lo

36 Maestre, A. (2019), «El texto machista y racista de Pablo Casado en el que ironizaba con cazas de “lobas y zorras”», *La Marea*, en <https://www.lamarea.com/2019/02/14/el-texto-machista-y-racista-de-pablo-casado-en-el-que-ironizaba-con-cazas-de-lobas-y-zorras/>.

que consideran la perversión: las feministas, las personas LGTBIQ+, los comunistas...

El periodista de investigación mexicano Álvaro Delgado desarrolla en sus estudios que España es el país europeo en el que más fuerza tiene El Yunque y asevera que ha financiado a VOX a través de Hazte Oír, una de sus plataformas de tapadera con la matriz CitizenGO. Entre sus cabecillas aparece Rocío Monasterio, que forma parte del ala más conservadora en lo moral de la política y no faltaba como cara visible en las manifestaciones del grupo Hazte Oír. Rocío Monasterio se ha dedicado a llamar delincuentes a los menores inmigrantes. Ha sido señalada por Hacienda por facturas falsas , ejerció como arquitecta sin titulación y llevó unas esposas a Puigdemont al grito de «sin ley no hay democracia».

El partido ultraderechista ha asumido todos los planteamientos de Hazte Oír. El antiabortista Juan Ignacio García-Gallardo, vicepresidente de Castilla y León, ofreció a las mujeres que querían abortar una ecografía 4D para oír los latidos del feto. Esta secta de Hazte Oír ha sido declarada como entidad de utilidad pública, legalizada por el exministro Jorge Fernández Díaz del PP para que recibiera dinero público con un montante superior al millón de euros, y Esperanza Aguirre la financió con el dinero de las ayudas europeas para migrantes en Madrid. Entre las personalidades premiadas por Hazte Oír se encuentran: Carlos

Herrera, Juan Manuel de Prada, Isabel San Sebastián, Yoani Sánchez, Carlos Cuesta, Jaime Mayor Oreja, María San Gil, Santiago Abascal, José Javier Esparza, Cake Minuesa, Ortega Smith, Hermann Tertsch, Luis del Pino, Albert Boadella, la Guardia Civil, la Policía Nacional y las Fuerzas Armadas.

Santiago Mata es el mayor especialista sobre la secta de El Yunque y ha investigado todos sus vínculos y ramificaciones en el Estado español. Apunta los nombres de Marcial Cuquerella, Ignacio Arsuaga, Álvaro Zulueta, Juan José Liarte o Francisco José Contreras, y asevera que esta sociedad secreta hizo grande y ayudó a lograr popularidad a Santiago Abascal antes de la debacle electoral de 2023. Por otra parte, los antiabortistas y el ultraderechista propagador de bulos Alvise Pérez han convocado manifestaciones de acoso a mujeres en las puertas de las clínicas de aborto, saltándose la ley impunemente con la policía delante. Una de las caras más visibles en los medios de comunicación del fundamentalismo religioso es la marquesa pija Tamara Falcó, tertuliana del programa *El Hormiguero* de Pablo motos, que ha participado en el Congreso Mundial de las Familias promovido por sectores ultracatólicos en los que también han tomado parte Matteo Salvini o Viktor Orbán. «Cuanto más leía la Biblia más segura estaba de que Dios me quería. Salieron unas imágenes de mi pareja siendo infiel, estamos viviendo un momento muy complicado.

Hay tantos tipos de sexualidades y sitios en los que puedes ejercer el mal con perversiones... Lo he rezado. Creo que en otras generaciones no era tan evidente y no estaba tan bien visto», manifestó en el congreso antes de pasar por el altar con el empresario infiel Iñigo Onieva. Además, Falcó ha defendido en el programa *El Hormiguero* de Pablo Motos que Ana Obregón comprara un vientre de alquiler en Estados Unidos. Y a modo del cuento de la criada dijo que lo que le preocupaba eran las almas de los óvulos descartados y no las madres pobres a las que utilizan como vasijas.

En 2021, WikiLeaks reveló una base de datos, a la que denominó *The Intolerance Network* («La Red de Intolerancia»), con 17 000 documentos provenientes de Hazte Oír. Entre su red de financiadores figuraban grandes donantes millonarios como Esther Koplowitz de FCC, Isidoro Álvarez de El Corte Inglés, Juan Miguel Villar Mir de OHL, David Álvarez de Eulen o Bernard Meuner de Nestlé[37].

37 Bayo, C. E. (2022), «Grandes fortunas y altos ejecutivos españoles financiaron el nacimiento de Vox a partir del grupo ultracatólico Hazte Oír», *Público*, en <https://www.publico.es/politica/exclusiva-wikileaks-grandes-fortunas-altos-ejecutivos-espanoles-financiaron-nacimiento-vox-partir-grupo-ultracatolico-hazte-oir.html>.

El Ejército y las fuerzas policiales
Para servir y proteger sus intereses

Los caballos negros son.
Las herraduras son negras.
Sobre las capas relucen
manchas de tinta y de cera.
Tienen, por eso no lloran,
de plomo las calaveras.
Con el alma de charol
vienen por la carretera.
Jorobados y nocturnos,
por donde animan ordenan
silencios de goma oscura
y miedos de fina arena.
Pasan, si quieren pasar,
y ocultan en la cabeza
una vaga astronomía
de pistolas inconcretas.

[...]
¡Oh, ciudad de los gitanos!
La Guardia Civil se aleja
por un túnel de silencio
mientras las llamas te cercan.

Federico García Lorca,
Romance de la Guardia Civil española

«Hay que fusilar a 26 millones de personas»

El general retirado del Ejército del Aire, Francisco Beca Casanova, alabó al dictador Francisco Franco y pidió fusilar a 26 millones de españoles en un grupo de WhatsApp con otros militares de alto rango. Beca sigue estando condecorado por el Estado español con la Orden de San Hermenegildo entregada por Felipe VI por «su constancia e intachable conducta». Casanova es simpatizante de VOX.

La Fiscalía de Madrid con el habitual proteccionismo a la cúpula militar archivó el caso al considerarlo «libertad de expresión en confianza entre amigos». Beca Casanova se unió al alegato de protesta ultraderechista del «Manifiesto de los Mil» en el que altos mandos militares españoles firmaron contra la decisión de Pedro Sánchez de exhumar los restos de Franco del Valle de los Caídos.

El exteniente y autor del libro *El Ejército de Vox*, Luis Gonzalo Segura, explica la vinculación en España entre la extrema derecha y las Fuerzas y Cuerpos de Seguridad del Estado. Las zonas y distritos de los emplazamientos militares son el bastión electoral de los de Santiago Abascal y su gran caladero de votos[38]. En el barómetro del CIS, el 38,5% de los preguntados de ocupaciones militares y cuerpos policiales votaron a VOX, por delante del PP con el 21% y del PSOE con el 8,7%. El periodista Pablo Elorduy de *El Salto* analizó este voto en las elecciones de 2019, en las que mejor resultado obtuvo VOX y lo nombró como el voto escorado a las armas:

> Allí donde hay un acuartelamiento militar, el voto a la ultraderecha se dispara a porcentajes que llegaron a estar por encima del 30%. Militares y policías son los grupos que menos se preocupan por cuestiones sociales y los que más preocupación muestran por los vaivenes de los partidos. Este hecho lo explica en parte que el 63% de los policías y militares declara que tiene ingresos mensuales superiores a 2700 euros. Son también el grupo que se ubica en mayor medida en la derecha de la escala de ideología[39].

38 Gonzalo Segura, L. (2020), *El Ejército de Vox*, Akal, Madrid.

39 Elorduy, P. (2023), «El voto escorado de las armas», *El Salto*, en <https://www.elsaltodiario.com/elecciones/tendencia-voto-derecha-militares-policias-guardias-civiles>.

No en vano, VOX ha elaborado sus listas reclutando generales retirados como Agustín Rosety, Fulgencio Coll, Manuel Mestre o Alberto Asarta. Además, uno de sus principales líderes y fundador del partido es el exboina verde del Ejército Javier Ortega Smith, que llamó «violadoras, torturadoras y asesinas» a las Trece Rosas. Su causa penal también fue archivada. Smith tuvo que borrar un tuit racista tras la protesta de la embajada de China por hablar del coronavirus como «virus chino», y llamó a los inmigrantes «portadores de grandes enfermedades». Entre sus lindezas, Ortega Smith ha dicho que «la violencia de género es una gran mentira» y que «la mujer tiene derecho a pintarse las uñas, pero no a abortar». El periodista de investigación Xavier Rius en *VOX, el retorno de los ultras que nunca se fueron* rescata el falangismo de Smith: «Ser falangista es vivir como falangista, es pensar como falangista, es morir como falangista», afirmó el dirigente de VOX que militó en la Falange[40].

El exteniente Segura fue apartado, vilipendiado por el Ejército, y expulsado por hacer «manifestaciones contrarias a la disciplina» de las Fuerzas Armadas por denunciar casos de corrupción y la connivencia de la cúpula militar fascista. Segura se defendió escribiendo *El libro negro del Ejército español*. «Es incuestionable

40 Rius, X. (2023), *VOX, el retorno de los ultras que nunca se fueron*, Akal, Madrid.

que en España ser fascista, franquista o nazi es un buen apunte en el currículum y ejercer como tal un elemento diferenciador que te catapulta al éxito. Algo así como hacer un máster y ser políglota. Lo mismito. La libertad de expresión solo tiene un sentido y una ideología: la franquista. Todo aquel que realiza manifestaciones de esta naturaleza está protegido y, en muchos casos, tratado como un héroe, mientras que todos aquellos que realizan manifestaciones en sentido contrario son inmediatamente purgados. La sensación que se percibe es que dichas manifestaciones fascistas, franquistas y/o antidemocráticas expresan un sentir mayoritario, sobre todo en la cúpula militar», asevera en el libro[41].

Segura explica con pelos y señales en su libro todas las vinculaciones con la ultraderecha con ejemplos: «En el año 2015, el Batallón de Zapadores Paracaidistas VI (BZPACVI) de la Brigada Paracaidista (Bripac) se detuvo a almorzar en el conocido restaurante-museo franquista Casa Pepe en Ciudad Real. Vestidos de militar y por orden de los mandos de la unidad, los militares tuvieron que comer, tanto si querían como si no, rodeados de símbolos franquistas y fascistas. Ello aconteció con total normalidad, sin la más mínima queja. Hay que recalcar que este tipo de paradas no pueden hacerse sin planificación previa y sin la aceptación de

41 Gonzalo Segura, L. (2017), *El libro negro del Ejército español*, Akal, Madrid.

un mando de alto rango. Lejos de encontrarse contrariados y escandalizados por lo sucedido, lejos de pedir disculpas por el bochorno, tanto la cúpula militar como el ministerio de Defensa no encontraron motivo alguno para ello. Se limitaron a afirmar que el comer allí no significaba que esa ideología representara a dicha unidad. Y ya está. Como si una unidad alemana hubiera tenido la desfachatez de comer en un museo de Hitler y el ministerio y la cúpula militar no hubieran encontrado motivos para escandalizarse alegando que tal hecho no significaba nada. Lo cierto es que sí lo representa y con meridiana claridad». Así es como el Ejército se ha llenado de ultraderechistas y ultracatólicos. En Chiclana de la Frontera (Cádiz) fue detenido en verano de 2023 un militar de infantería por robar una bandera LGTBI en el Ayuntamiento. Un cura ofició la bendición a una unidad militar del Ejército de Tierra frente a la cruz del Valle de Cuelgamuros, el Valle de los Caídos.

Margarita Robles es la ministra de la que dependen las Fuerzas Armadas. Entre los gastos públicos de su ministerio se encuentran 4,5 millones de euros en pagar el sueldo a los 82 sacerdotes que dan misa y rezan en el Ejército. Además, la ministra se ha asociado a las grandes empresas de las privatizaciones: ha adjudicado reconocimientos médicos a la privada Quirón, contratos de limpieza a la empresa Clece de Florentino Pérez por valor de 225 millones de euros, y ha puesto a la Legión a adiestrarse con la Policía y la Guardia Civil para el control de masas con técnicas antidisturbios. En 2023 Robles fue condecorada por el régimen ucraniano de Zelenski por el envío de cargamentos de armas letales. El Gobierno de España anunció que aumentaría el presupuesto en Defensa y destinará 62 millones al día en gasto militar. Mientras, la ministra de defensa avisaba de que «vamos a tener un invierno de mucho sufrimiento». El periodista Carlos Enrique Bayo sacó a la luz que Antonio Meroño, capitán del Ejército que dirige a los cazabombarderos españoles de la OTAN en Ucrania, es un reconocido neonazi con fotos haciendo el signo del juramento de las SS de fidelidad a Hitler[42].

Los «casos aislados» de la Policía

Los cuerpos policiales en España han gozado de impunidad. Muchas personas han vivido experiencias nada gratificantes de los que en teoría están para «servir y proteger» y velar por nuestra seguridad. Los casos aislados se cuentan por miles. En mi caso lo viví por primera vez en mis propias carnes cuando era menor de edad en un secuestro. Los agentes de la Guardia Civil

42 Bayo, C. E. (2021), «El capitán neonazi que instruyó a cadetes del Ejército del Aire es jefe de Inteligencia de la mejor unidad de aviones de combate», *Público*, en <https://www.publico.es/politica/ultraderecha-ejercito-capitan-neonazi-instruyo-cadetes-ejercito-aire-jefe-inteligencia-ala-14-caza-ataque.html>.

no me protegieron de una persona que intentó abusar sexualmente de mí y que me propinó una patada en mis partes íntimas delante de ellos. El agresor fue condenado a prisión, pero esos agentes se fueron de rositas.

En septiembre de 2022 fui condenado por denunciar el racismo institucional en la muerte del mantero senegalés Mame Mbaye en el barrio de Lavapiés tras una persecución policial. El alcalde Almeida del PP retiró la placa en Lavapiés con una de las frases por las que se me condenó: «víctima de racismo institucional del Estado español». Mbaye era mantero, uno de los «nadie», de los dueños de nada, de los que hablaba el escritor Eduardo Galeano: «Los nadies, los hijos de nadie, los dueños de nada… Los nadies, los ningunos, los ninguneados, corriendo la liebre, muriendo la vida, jodidos, rejodidos. Que no son, aunque sean. Que no hablan idiomas, sino dialectos. Que no hacen arte, sino artesanía. Que no practican cultura, sino folklore. Que no son seres humanos, sino recursos humanos. Que no tienen cara, sino brazos. Que no tienen nombre, sino número. Que no figuran en la historia universal, sino en la crónica roja de la prensa local…»[43].

Otros compañeros fueron absueltos por lo mismo, pero a mí se me condenó por mi supuesta «repercusión» y por «tener muchos seguidores». En un país con la ley mordaza a pleno rendimiento fui condenado en

43 Galeano, E. (1993), *El libro de los abrazos*, Siglo XXI, Madrid.

esta caza de brujas «por injurias a la Policía Municipal de Madrid al excederse en la libertad de expresión en cuanto se atenta contra la dignidad, crédito, fama o prestigio de la Policía». Los cuerpos y fuerzas policiales tienen al igual que la Corona un epígrafe especial sobre injurias en el Código Penal.

En junio de 2023 el policía Alejandro León me amenazó diciendo que «cualquier día me llevaba una sorpresa». Fui a denunciarlo y recibí trato vejatorio por los agentes que se burlaron de mí y dijeron que eso no suponía ninguna amenaza. Este policía de Móstoles ya fue condenado con 150 días sin sueldo por decir que asesinaría a menores inmigrantes con una navaja. Los policías me denunciaron mediante la ley mordaza por desacato a la autoridad por mostrar mi malestar ante la situación y exponer la demanda contra el agente León que me amenazó. Nunca denunciéis en una comisaría. El activista contra la tortura Jorge del Cura Antón explica la sumisión voluntaria de los ciudadanos y el poder policial a través de la presunción de veracidad en sus escritos por el que tienen privilegio ante el resto de los ciudadanos: «No es la ley, sino el poder policial quien decide qué es un delito». Mark Neocleous en *Maderos, chusma y orden social, una teoría crítica del poder policial*[44], que prologa del Cura Antón, ahonda

44 Neocleous, M. (2021), *Maderos, chusma y orden social*, Katakrak, Iruña.

en este aspecto y considera que «la implantación de la ley y el orden de la policía es lo que nos lleva al corazón del orden capitalista, y es a través de esta violencia y el poder coercitivo que la burguesía intenta moldear el mundo a su imagen y semejanza con todo el entramado de leyes diseñado para proteger los intereses de clase y someter a las personas a la ocupación honesta».

Además, las familias de los agentes tienen privilegios, como el otorgado por gracia divina de una reforma impulsada por Isabel Díaz Ayuso en la Comunidad de Madrid. Una familia obrera que sume ingresos de 1000 euros al mes no tiene beca de comedor en Madrid. Mientras, la familia de un agente de la Policía o la Guardia Civil recibe automáticamente la beca, y acaparan el 13% de estas ayudas[45].

Esta fórmula de supuestos «casos aislados» en los medios de comunicación no se sostiene con la realidad, como ocurrió con la brigada antidroga de la comisaría de la Policía Nacional de Mérida (Extremadura), detenida al completo por cohecho, revelación de secretos, infidelidad en la custodia de documentos, tráfico

45 Mateo, J. J. y Ferrero, B. (2022), «Los hijos de policías y guardias civiles ya acaparan el 13% de ayudas de comedor de Madrid», *El País*, en <https://elpais.com/espana/madrid/2022-09-06/los-hijos-de-policias-y-guardias-civiles-ya-acaparan-el-13-de-ayudas-de-comedor-de-madrid.html#:~:text=Como%20consecuencia%20de%20este%20sistema,de%20ayudas%20est%C3%A1%20al%20alza>.

de influencias, omisión del deber de perseguir delitos y encubrimiento[46]. En Catalunya se ha vivido la mayor ola de represión policial estatal del último lustro. Marlaska dijo que en el 1-O no hubo cargas policiales sino gente impidiendo la acción de la policía. Estíbaliz Palma, comisaria jefa en Pontevedra sobre la actuación en Catalunya dijo en unos audios publicados por *el Diario*: «Ya les gustaría a algunas que las violase un antidisturbios»[47].

En febrero de 2021 se vivió en Linares una de las últimas grandes revueltas contra la violencia policial. Esta ciudad andaluza con más paro del país se echó a la calle a pedir justicia contra los policías afiliados a Jusapol (José Luis Pedregosa y Manuel Fernández) que agredieron brutalmente a un vecino y a su hija menor. A la víctima le rompieron la nariz y la córnea. Los vecinos se agolparon en frente de la comisaría al grito de «Sin las placas no sois nada».

46 Águeda, P. (2021), «Detenidos todos los policías del grupo de estupefacientes de Mérida en una operación antidroga», *elDiario.es*, en <https://www.eldiario.es/politica/detenidos-policias-grupo-merida-operacion-antidroga_1_8304668.html>; El Salto Extremadura (2021), «Torturas y corrupción: se conocen más detalles de la unidad antidroga de Mérida», *El Salto*, en <https://www.elsaltodiario.com/tortura/torturas-corrupcion-se-conocen-mas-detalles-de-la-unidad-antidroga-de-merida>.

47 rtve.es/Agencias (2022), «Cesada la comisaría de Policía en Pontevedra tras decir: "Ya les gustaría a algunas que las violase un antidisturbios", *rtve*, en <https://www.rtve.es/noticias/20220322/cesada-policia-violara-antidisturbios/2320183.shtml>.

Durante las protestas la policía usó fuego real contra los manifestantes. Dispararon con una escopeta de postas. Uno de los heridos, Joaquín de 21 años, recibió el impacto de 5 proyectiles con un balín incrustado. La Policía y el Gobierno nunca dieron explicaciones. El caso fue archivado: «Fue un error, no hay un autor ni exceso policial». Es una munición prohibida y pudieron haberlo matado si lo hubiese impactado cinco centímetros más arriba.

El Estado español llegará al máximo histórico de agentes de la Policía y la Guardia Civil con 156 000 miembros en 2023. Sus sueldos se han disparado y Marlaska se los ha subido un 40% en los últimos 5 años[48]. Con todo el descaro del mundo, el PSOE presentó como cabeza de lista en Cádiz para «frenar a la derecha» a Grande Marlaska, responsable de sacar la tanqueta en la huelga de los obreros del metal en Cádiz. Marlaska fue responsable de la masacre de la valla de Melilla, la Fiscalía archivó la investigación y la *BBC* emitió un reportaje desmontando la versión oficial del Gobierno.

El Tribunal de Derechos Humanos condenó a España por no investigar torturas en causas dirigidas como juez por este ministro. A pesar de todo ello Marlaska sigue teniendo buena prensa. Condecoró con

48 La Haine (2023), «El estado español llegará al máximo histórico de policías y guardias civiles en 2023», *La Haine*, en <https://www.lahaine.org/est_espanol.php/el-estado-espanol-llegara-al>.

la medalla al mérito policial a José Creuheras, presidente del grupo Atresmedia. Creuheras está implicado en el caso Villarejo y mantuvo en nómina a García Ferreras tras todo el escándalo del FerrerasGate y del «Es muy burdo, pero vamos con ello».

Entrevista a Marco Antonio Santos

Su nombre es Marco Antonio Santos y Margarita Robles lo expulsó del Ejército. Es el único cabo firmante del manifiesto en contra del dictador Franco. El Tribunal Supremo le dio la razón y tendrá que ser readmitido. El cabo Santos fue expulsado del Ejército por criticar a la monarquía y denunciar la corrupción en sus redes sociales. El Alto Tribunal aceptó su recurso al entender que formaba parte de su derecho a la libertad de expresión. Sería impensable que en Italia o en Alemania hubieran expulsado a un militar por criticar a Mussolini o a Hitler. En España largaron a su casa a Santos. El caso del cabo Santos siempre fue un asunto de claro abuso militar para limitar su derecho a la libertad de expresión. El tribunal rechaza que expresiones como «salud y república» o defender la exhumación de Franco incumplan el deber de neutralidad política.

*

¿Podrías explicar en qué consiste el Colectivo Republicano de Redondela que presides?

Marco Antonio Santos: Nacimos en 1999. Es un colectivo memorialista. Defendemos la República que es la fraternidad de los pueblos. Soy un orgulloso presidente elegido por el colectivo y queremos ser la Casa del Pueblo.

Eres miembro de Militares Demócratas. ¿Ves factible la democratización del Ejército español?

M.A.S.: Se fundó con gente que fue de la Unidad Militar Democrática. La UMD siguió el modelo de Portugal en la Revolución de los claveles y los encarcelaron. Lucharon por un Ejército democrático y fueron castigados con cárcel hasta después de Felipe González. La misión que tenemos es trata de acercar al pueblo lo que son las fuerzas armadas. Hoy día son el jardín personal de los fascistas. Solo hay que mirar los apellidos de los gerifaltes. Mientras Margarita fascista Robles siga siendo ministra nunca habrá democratización. Lo intentó Carme Chacón y la echaron para atrás. Es un Estado dentro del Estado. Se llama corrupción y el Estado es el de los militares. Los herederos siguen estando y con el ruido de sables el Estado sigue presionado y acojonado.

Dijiste que los militares antifranquistas están perseguidos y silenciados y que te anulan como persona, ¿cómo se vive esa situación de persecución?

M.A.S.: Lo pasé muy mal, me jodieron cuatro años de mi vida, pero ahora mismo estoy más que orgulloso. La lucha hay que llevarla hasta el final. Ahora se puede decir «Salud y República» en un cuartel sin que te detengan 14 días como me pasó a mí.

¿Qué opinas sobre los militares jubilados que escribieron que había que fusilar a 26 millones de españoles?

M.A.S.: ¿Qué voy a opinar de los que nos quieren fusilar? Esta gente se fue de rositas y a mí me echaron del Ejército. ¿De qué parte está el Estado?

¿Cómo ha acabado tu caso? ¿Piensas que en otro país te hubiera pasado lo mismo?

M.A.S.: En mi caso acabó en el Tribunal Supremo por los cuatro arrestos. Me dio la razón, gané y sigo esperando y sin cobrar. En otro país no habría pasado. Aquí el sátrapa de Franco murió tranquilo en la cama y Mussolini fue colgado. Vivimos en el país en el que vivimos.

Entrevista a Raquel Rodríguez

Esta mujer luchadora, de clase trabajadora, se llama Raquel Rodríguez. Ha sido perseguida judicialmente por defender a su barrio obrero ante los antidisturbios y la tanqueta en la huelga del metal de Cádiz en el año 2022. En un directo de 24 Horas en *TVE*, en el séptimo día de huelga salió en la televisión y se puso delante de los policías armados y les dijo a la cara lo que muchos gaditanos pensaban: «Si es necesario que arda Troya. Esto hay que defenderlo con uñas y dientes. No voy a permitir que estos sicarios se metan en las zonas residenciales. Si fuera policía y obrera colgaría el uniforme y me uniría a ellos como hicieron en la Revolución de los Claveles en Portugal». No solo está represaliada, sino que también fue herida y gaseada por la policía ese mismo día.

*

Cuéntanos cómo viviste el momento en el que te atreviste a denunciar la situación de la provincia de Cádiz delante de la policía

Raquel Rodríguez: Fueron muy duras las circunstancias de enfrentarse a la violencia policial. Los antidisturbios con una tanqueta incluida, militarizando un barrio obrero, acabando con su rutina diaria.

¿Lo volverías a hacer?

R.R.: Todo dependerá del proceso revolucionario. Evidentemente estaría organizada con mis compañeras.

¿Cómo has afrontado la persecución judicial?

R.R.: Con dignidad, crispación y con la moral muy alta. Sabiendo que defendía nuestros derechos como clase, siendo una víctima más de la represión de este

Estado y tiendo como ejemplo a los represaliados y presos políticos, que algunos con avanzada edad siguen luchando contra esta monarquía corrupta.

¿Has podido sentir la solidaridad por parte de compañeras de lucha? ¿Y de los partidos políticos? ¿Qué piensas sobre el sistema actual?

R.R.: Han demostrado solidaridad a título personal. No habiéndose organizado lo suficiente como para elevar la conciencia política, que en mi opinión debe ser de forma organizada como deber de nuestra clase. De partidos políticos no he recibido ninguna solidaridad. Son parte del problema. Para mí son colaboracionistas de este régimen. Pienso que es consecuencia de la continuación del fascismo con Franco y los cortes de libertad política, social y cultural con represiones y torturas en las cárceles que continúan.

¿Qué opinión tienes de que Marlaska después de enviar una tanqueta a un barrio obrero gaditano fuera el número 1 en las listas del PSOE por Cádiz?

R.R.: Parece una broma de mal gusto. Nos produjo rabia y repulsa. Es evidente que es una manera brutal, cínica y prepotente de decirnos a los gaditanos que seguirán oprimiendo al pueblo, cuándo, cómo y dónde quieran. Son ellos quienes tienen el poder con leyes para reprimir y amordazarnos. Dice Marlaska que hay compromiso con los derechos humanos, pero la realidad habla por sí sola, bajo su custodia siendo juez se dieron casos brutales de tortura como el de Unai Romano o Beatriz Etxebarria. Aplicó la ley de que todo es ETA.

Policías infiltrados y amigos íntimos de la ultraderecha

Activistas callejeros escribieron un mural antifascista con la frase «Quiéreme como la policía quiere a los nazis», que también podría valer para los periodistas de ultraderecha por sus estrechos vínculos. En enero de 2024 fue detenido acusado de cohecho Rafael Muñoz, exjefe de la Policía Local en El Puerto de Santa María (Cádiz). Muñoz animó en sus redes sociales a dar un Golpe de Estado contra el gobierno. «Alcémonos y desempolvemos las hachas de guerra», escribió[49]. El policía ya jubilado es gran amigo del periodista Carlos Herrera de la COPE y han acudido juntos a corridas de toros en la ciudad gaditana.

Los policías no sólo mantienen relaciones íntimas con periodistas vinculados a la ultraderecha, también disfrutan de gran espacio en medios de comunicación.

49 Almendros, T. (2024), «La UDEF detiene al ex jefe de la Policía Local de El Puerto y a un técnico de Infraestructuras acusados de cohecho», *Diario de Cádiz*, en <https://www.diariodecadiz.es/elpuerto/UDEF-Policia-Local-Puerto-Infraestructuras_0_1867014310.html>.

El policía Alfredo Perdiguero, que fue en las listas de VOX, dijo en prime time en el programa de Iker Jiménez «que siempre hay compañeros infiltrados entre los guarros», refiriéndose a manifestantes de izquierdas. Por si fuera poco, la Guardia Civil entrega cada año el Premio de Periodismo. En 2023 fue galardonado García Ferreras. En años anteriores fueron premiados Carlos Herrera, Ana Rosa Quintana o Susanna Griso.

La Policía Nacional española ha infiltrado durante años a sus agentes en ambientes independentistas, de izquierdas y movimientos sociales para mantener relaciones sexoafectivas y sacar información a activistas en Catalunya, València y otros espacios como Movimiento Antirrepresivo de Madrid. Este espionaje de Estado fue publicado en exclusiva por el medio de investigación *La Directa*[50]. Uno de los policías infiltrados, Daniel Hermoso, fue premiado y ascendido por Marlaska con plaza en una embajada con unos honorarios de más de 10 000 euros mensuales[51].

50 Rodríguez, J.; Garcia, G. y Bou, D. (2023), «Espionatge sense límits», *La Directa,* núm. 562, en <https://directa.cat/papers/directa-562/>.

51 Cedeira, B. (2023), «Interior protege al policía infiltrado que mantuvo relaciones con 8 "indepes" y lo envía a una embajada», *El Español*, en <https://www.elespanol.com/espana/20230203/interior-protege-policia-infiltrado-mantuvo-relaciones-embajada/738426460_0.html>.

Los medios de comunicación
La cloaca mediática

La manipulación mediática puede hacer más daño que la bomba atómica, porque destruye cerebros. Los medios de comunicación inculcan a los individuos valores, creencias, y códigos de comportamiento que les harán integrarse en las estructuras institucionales y se orientan hacia unos objetivos de rentabilidad estrictamente de mercado.

Noam Chomsky

Mi hombre es el «Ferri» [en referencia a García Ferreras]. Nosotros pusimos a Eduardo Inda como director del diario *Marca*, que le presionamos a Pedro J. Hay que ganar la batalla de *TVE* y del *Marca*. Ese programa El Rondo no va a existir más.

Florentino Pérez,
áudio publicado por *El Confidencial*

Ana Rosa Quintana, la musa del excomisario Villarejo

Mediaset se ha consolidado como uno de los medios de comunicación con más poder en España. El conglomerado de Mediaset de la familia Berlusconi ha fichado a Miguel Bosé, Tamara Falcó y Ana Obregón. Ha vuelto el programa «Gran Hermano» después de tapar una agresión sexual. Han cambiado por las mañanas a Ana Terradillos y por las tardes a Ana Rosa Quintana, que conspiraban con el excomisario Villarejo.

Entre sus caras televisivas destaca precisamente la de la presentadora Ana Rosa Quintana, que controla gran parte de la parrilla informativa y gana más de 10 000 euros diarios. Ana Rosa se reunía y hacía encargos personalmente al excomisario Villarejo. En una de las reuniones acudió Eduardo Inda, habitual en la mesa de debate de su programa televisivo. Quintana ha vuelto a las pantallas por las tardes y ha fichado como colaboradores para su programa a Cristina Cifuentes, al torero El Cordobés, a Alaska y Mario Vaquerizo. El marido de Ana Rosa, Juan Muñoz, fue condenado a 3 meses de prisión por extorsión y por sus vínculos con Villarejo en las cloacas. Villarejo dijo en sede judicial hacerle muchos favores: «Era mi amiga y me ha pedido muchos desde que éramos solteros. Por ejemplo, cuando el plagio de su libro…».

Ana Rosa estuvo casada con el periodista Alfonso Rojo, que también aparece en los audios de Villarejo: «Le he salvado de mil marrones a Alfonsito. Siempre me ha parecido un desagradecido. Le hizo una putada y le metieron en un marrón a su mujer con el libro. Yo le pagué el 10% del *Periodista Digital* cuando empezó. Mi buena amiga Ana Rosa es muy buena asesora. Me dijo que no se me ocurriera dar entrevistas a nadie»[52].

La productora de Ana Rosa ha recibido ingentes cantidades de dinero por parte de la Comunidad de Madrid de Ayuso[53]. Además, el programa de Ana Rosa ha sido la principal punta de lanza mediática de los neonazis de Desokupa en televisión, con la constante campaña orquestada de alarmismo contra la okupación. Desokupa, promocionada en medios y con barra libre en España, es apoyada por diversos políticos de ultraderecha y por policías. El escuadrista Daniel Esteve de Desokupa explica en su web que trabaja codo con codo con los agentes y presumió de que le pasaba la información la propia policía, y que le regalaban todo tipo de camisetas.

52 *Diario Público* (2020), «Ana Rosa Quintana aconsejó a Villarejo mientras estaba imputado y casi hasta su detención», en <https://www.youtube.com/watch?v=dyjBv5mq2Bc>.

53 J.M.S. (2023), «El matrimonio entre Ayuso y Ana Rosa: 11 millones a través de Telemadrid a cambio de 15 entrevistas», *El Plural*, en <https://www.elplural.com/autonomias/matrimonio-entre-ayuso-ana-rosa-15-entrevistas-11-millones-traves-telemadrid_308441102>.

El periodista Dani Domínguez del diario *La Marea* publicó que la presentadora de Mediaset es una de las grandes especuladoras de vivienda en España y posee un negocio con un total de 44 pisos turísticos gestionados en Madrid y Sevilla[54]. El Ayuntamiento de Madrid con Almeida al frente, le ha otorgado la Medalla de Honor de Madrid por ser «ingobernable y no someterse y defender la libertad de prensa». No es como le dijo María Jiménez y el «te digo a quién se la chupaste tú para llegar donde estás», sino que en los grandes medios de comunicación se asciende mintiendo para favorecer a los poderosos. Ana Rosa presumió de haber dado la puntilla al procés por su campaña de acoso y derribo contra el independentismo. La activista catalana Tamara Carrasco estuvo un año sin poder salir de su localidad por un montaje. Fue absuelta de todo. Ana Rosa Quintana la acusó de terrorista. Mientras, ella y su marido Muñoz, cuando ya estaba imputado por extorsión, se fueron de vacaciones al Caribe gracias a la autorización del juez.

54 Domínguez, D. (2023), «El negocio turístico de Ana Rosa: gestiona 44 apartamentos entre Madrid y Sevilla», *La Marea*, en <https://www.lamarea.com/2023/05/24/el-negocio-turistico-de-ana-rosa-gestiona-44-apartamentos-entre-madrid-y-sevilla/>.

El País como falso garante de la democracia

La Cultura de la Transición es el epítome cultural hegemónico que ha prevalecido en España desde 1975 con la muerte de Franco, que no del franquismo. «Una cosmovisión que no considera cultura lo problemático, en la que no hay posibilidad de criticar esta manera de ver el mundo aparentemente neutral, y que no se mete en temas políticos. El castigo para los que se salen de esta cultura es la marginalidad. Se trata de una cultura del olvido del pasado, muy vertical, cuya razón de ser es establecer cohesión y propaganda en el Estado», considera el periodista Guillem Martínez[55].

El diario *El País* es uno de los dispositivos de comunicación que ha ejercido la hegemonía discursiva e ideológica desde la Transición en España. Una época en la que «continuaron los mismos jueces, policías, generales y políticos provenientes de la dictadura. Los sectores empresariales de la burguesía reclamaron un cambio político como única forma de lograr un pacto social que les permitiera recuperar la hegemonía y la mayoría de los dirigentes franquistas también entendieron que su supervivencia política dependía de la capacidad de reforma de la dictadura», según el

55 Martínez, G. (2012), *CT o la cultura de la transición*, Debolsillo, Barcelona.

historiador Gonzalo Wilhelmi[56]. Esta transacción, más que transición, condujo a un «sistema de democracia liberal y representativa homologable a las del resto de Europa con la diferencia de que en los otros países venían de una victoria del antifascismo y España salía de la dictadura fascista de Franco de casi 40 años», explica el sociólogo Emmanuel Rodríguez[57].

Los medios de comunicación jugaron un papel muy significativo en el imaginario simbólico de la Transición, analiza el periodista Gregorio Morán, cuyo trabajo se enmarca en una línea de impugnación de la cultura del consenso en la que participó como órgano de hegemonía discursiva, ideológica y cultural el diario *El País*. Morán lo considera en *El cura y los mandarines*: «el proyecto de creación de una opinión pública y el intelectual colectivo potencial más exitoso e influyente de España posiblemente en toda su historia»[58].

Este poder fáctico retrata pensamiento, política y cultura de la historia de España, en la que se entra según se aparezca o no en las páginas de *El País*. El periódico *El País* le ganó la partida a *Diario 16* al moverse con más habilidad. El dueño, Jesús de Polanco, al que la dictadura le había nutrido de contratos, consiguió

56 Wilhelmi, G. (2016), *Romper el consenso. La izquierda radical en la transición española (1975-1982)*, Siglo XXI, Madrid.

57 Rodríguez, E. (2015), *Por qué fracasó la democracia en España: La Transición y el régimen del 78*, Traficantes de sueños, Madrid.

58 Morán, G. (2014), *El cura y los mandarines*, Akal, Madrid.

antes la autorización para publicar. Manuel Fraga, ministro de Gobernación en el Gobierno continuista de Arias Navarro y en el accionariado de Prisa, autorizó la salida del primer ejemplar el 25 septiembre de 1975. Sale a la calle el 4 de mayo de 1976. Su Estatuto de Redacción fue pionero en los medios de comunicación y decía: «*El País* debe ser un periódico liberal, independiente, socialmente solidario, nacional, europeo y atento a la mutación que hoy se opera en la sociedad de Occidente»[59].

A finales de 1975 Juan Luis Cebrián se consolida como director de *El País* y Jesús Polanco como consejero delegado de Prisa formando el tándem periodístico-empresarial más destacado de la comunicación española. Jesús Polanco fundó la Editorial Santillana en 1958 en pleno franquismo por su trato privilegiado con los altos cargos en los planes educativos de la Educación General Básica[60]. Cebrián era hijo de Vicente Cebrián y alto cargo de la prensa del régimen franquista como director de medios de comunicación del Movimiento Nacional[61].

59 Ortega Spottorno, J. (2002), «Por un periódico liberal», *El País*, en <https://elpais.com/diario/2002/02/19/cultura/1014073208_850215.html>.

60 González Duro, E. (2011), *Polanco. El señor de El País*, Península, Barcelona.

61 Santos, L. (2015), «El País», cap. 3, en *La prensa que se vendió*, pp. 59-71, Ediciones Carena, Barcelona.

«*El País* era más que un periódico. Era un símbolo, un emblema para una España que soñaba con ser moderna e ilustrada y, de momento, se conformaba con simular que lo era», describe el periodista Enric González en *Memorias líquidas*[62]. Como intelectual colectivo y depositario de la cultura oficial fue uno de los instrumentos en el proceso de legitimación de la monarquía, tapando todas las corruptelas del monarca Juan Carlos I. Por el consejo de administración del grupo mediático pasó el fascista Rodolfo Martín Villa, procesado en Argentina por homicidio y torturas por sus crímenes durante el franquismo. Años más tarde se anuló su procesamiento por delitos de lesa humanidad. Martín Villa ordenó que se prendieran fuego a los documentos del Movimiento Nacional. En España fue condecorado por el rey Felipe VI por su labor por la democracia y apoyado por carta en el proceso judicial por los expresidentes González, Aznar, Zapatero y Rajoy.

El 29 de julio de 2012 uno de los órganos de encuadramiento intelectual como *El País* publicó en su editorial «La urgencia de pactar» aludiendo a un Gobierno de concentración entre el PP y el PSOE. Tras el encaje del ciclo de movilizaciones del 15M en el marco institucional, con la irrupción de Podemos y la aparición de Ciudadanos, en 2016 pidió la abstención del PSOE

62 González, E. (2013), *Memorias líquidas*, Jot Down Books.

para facilitar el Gobierno del PP. Con el derrocamiento de Pedro Sánchez como secretario general, este acusó al grupo Prisa en el programa *Salvados*, de Jordi Évole, de presionarle para mantener a Rajoy como presidente. El diario también mostró su apoyo a la monarquía y al Gobierno del PP contra el proceso soberanista catalán. En mayo de 2018 la moción de censura al Gobierno de Rajoy por parte de Pedro Sánchez, que había vuelto como líder socialista gracias al apoyo de la militancia, prospera, se abre una nueva etapa en España y *El País* apuesta por Soledad Gallego como directora en detrimento de Antonio Caño, muy próximo al régimen. En la actualidad lo dirige Pepa Bueno. Su máximo accionista es el fondo Amber Capital, con Joseph Oughourlian como presidente. Amber Capital controla los equipos de fútbol del Lens en Francia, Millonarios en Colombia o el Zaragoza en España. Anteriormente el presidente fue Javier Monzón, desimputado en la Púnica por la Audiencia Nacional en plena pandemia. Es amigo íntimo de Juan Carlos I y dirigente del Banco Santander. Fue destituido de su cargo en Indra por falta de transparencia al venderle al futbolista Cristiano Ronaldo su avión privado de espaldas a la compañía[63].

63 Europa Press (2015), «El expresidente de Indra Javier Monzón vendió a Cristiano Ronaldo su avión privado de espaldas a la compañía», *La Vanguardia*, en <https://www.lavanguar-

La propaganda de Florentino Pérez y el ataque contra Segurola

El artículo que más dificultades le ha generado en su vida profesional y que ha estado gravitando sobre el periodista Santiago Segurola, sobre el cual escribí mi tesis doctoral[64], ha sido una columna que escribió en *El País* sobre Florentino Pérez para un especial de fin de año sobre personajes [«Un presidente como los demás»]. En la pieza escribe con franqueza acerca del fracaso del máximo mandatario del club blanco:

> [...] Con Florentino Pérez había una duda: no se sabía si era más importante el rendimiento en el mercado o los resultados en los campos de juego. Eso ocurrió mientras el Madrid ganó dos Ligas y una Copa de Europa. Durante ese periodo, Florentino Pérez escondía su fanática pasión por el Madrid debajo de unas maneras de tecnócrata impasible. [...]. Adulado en grado superlativo, convertido en la gran referencia empresarial del país, elevado a la cima de la popularidad social, acompañado, Florentino Pérez se sintió infalible. Se sintió un genio... Y entonces apareció el personaje arro-

dia.com/economia/20151123/30348787424/expresidente-indra-javier-monzon- cristiano-ronaldo-avion.html>.

64 Loaiza, F. (2018), *Las estrategias redaccionales y discursivas de Santiago Segurola*, Tesis doctoral.

> llado por el éxito, sin tener en cuenta que su equipo escondía claves que despreció. Y no era cierto que Florentino Pérez fuera de otra pasta. Al final, ha entrado en la misma espiral que ha definido a la inmensa mayoría de los presidentes del fútbol español: la espiral Gil. Florentino Pérez, el hombre que pretendía cambiar el modelo del fútbol, ha sucumbido como los demás a las urgencias, malos resultados, críticas, ausencia de planes consistentes y decisiones aceleradas. La contratación del tercer entrenador en el plazo de cuatro meses certifica la realidad de un fracaso[65].

Desde ese momento, el autor vasco ha vivido bajo la presión de uno de los empresarios más poderosos del país y fue por lo que me interesó estudiar su figura en la universidad. Así lo aclara Santiago Segurola: «Él lo interpretó como un ataque durísimo, aunque no fue para tanto. Y a partir de ese momento decidió que iba a cazarme como fuera. Disparó con baterías enormes. Eso quiere decir que puede hablar con consejeros delegados, con directores y con presidentes. Mi vida ha estado muy mediatizada por eso. Florentino es un presidente consciente del poder que tiene, le gusta

65 Segurola, S. (2004), «Un presidente como los demás», *El País*, en <https://elpais.com/diario/2004/12/31/deportes/1104447602_850215.html>.

utilizar el poder. Tiene la soberbia del poder, es un gran empresario y le gusta manejarlo hasta en los más pequeños espacios y no se le escapa nada. Yo sé por ejemplo en mi época de *El País* si no le gustaba un pie de foto te llamaba. Eso demuestra el interés que a él le merecen los medios de comunicación y también su capacidad invasiva. El Real Madrid es una empresa formidable que tiene una repercusión mundial. Esa industria hace cualquier cosa por poner freno, apartar, utilizar a los periodistas y para decirte aquí el que tiene el poder soy yo y vosotros me merecéis muy poco respeto».

Ante el poder abusivo de Florentino, Segurola se ha mantenido firme en el ejercicio del oficio. «Es un presidente que interviene hasta el milímetro. O estás con él o contra él. Cuando estás con él vives muy bien protegido por Florentino Pérez, pero si alguna vez tienes algo que decir crítico… Muchas veces hemos tenido que luchar con esa desgracia de que el presidente te califique de "antimadridista". Esa bala dispara y el retorno es muy difícil. Lo único que puedes hacer es seguir trabajando. En este sentido Florentino Pérez es desleal con la profesión. Él la sabe manejar, pero a la vez la teme» desarrolla el autor. Las empresas periodísticas son vulnerables respecto al poder, están sujetas a las presiones y existe debilidad en la profesión. Sin embargo, Santiago Segurola nunca se ha plegado ante la fuerza invasiva del poder mediático. «Lo vives con mucha angustia porque depende tu familia, tu profesión y tu prestigio de eso. Pero al final tienes que elegir. Eres periodista para contarle a la gente lo que está sucediendo, para informar de lo que ves, de lo que te enteras, de lo que crees que es importante contar, ordenarlo y ponerlo. Digamos que eso se llama periodismo libre. Somos periodistas deportivos y tampoco estamos metidos en asuntos gravísimos. Tenemos a personajes, que puede que no me gusten, pero tampoco me estoy jugando la vida en una guerra ni estoy escribiendo de temas que son trascendentales para el futuro del planeta, simplemente estoy hablando de fútbol. Si te doblas en una situación como la del deporte es que no te puedes sentir periodista de ninguna de las maneras», analiza Segurola.

La precarización ha debilitado a los periodistas. Con la crisis económica las empresas periodísticas se sienten atemorizadas y a merced de otro tipo de intereses no periodísticos para subsistir. «La prensa tenía la solidez que ahora no tiene. No es lo mismo la debilidad que tienen ahora que cuando ganaba 100 millones al año *El País*. Ahora se ponen en manos de los clubes. Antes tenían miedo al periodismo. Ahora somos los periodistas los que tememos a los clubes. Dependemos de ellos y eso es terrorífico porque acabas por aniquilarte a ti mismo. Y te pones en manos de la gente que tienes que escribir, analizar y hacer un comentario. Lo haces en unas condiciones lamentables. Solo hay que ver la de periodistas que han salido de medios de comunicación sin saber cómo para entender que hay un peso sustancial de la industria del fútbol y de los grandes clubes y el grado de influencia de estos en el periodismo. Ahora la prensa está delicada en todos los aspectos. Está mal estructural y económicamente y los medios están dispuestos a hacer lo que sea por sobrevivir. Y eso significa venderse a las estructuras de poder», reflexiona Segurola.

Los medios tradicionales con la crisis han reducido sus plantillas para fomentar el ahorro, aligerar el contenido y prescindir de sus firmas indóciles. En 2016 Santiago Segurola se vio envuelto en un episodio de escabechina en los medios contra periodistas deportivos críticos (se relevó a Diego Torres como encargado de la información del Real Madrid en *El País* tras criticar a Arbeloa por su genuflexión ante Florentino y se despidió a Juanma Trueba, subdirector del diario *AS*). Segurola también fue despedido del diario *Marca* por el nuevo director Juan Ignacio Gallardo, que confiaba en otro tipo de periodistas más centrados en la banalidad, como demuestra el fichaje de Juanma Rodríguez o Álvaro Ojeda como columnistas tras el cese de Segurola.

«Hay una cantidad de trabas, fronteras y muros que impiden el derecho a la información. La sensación en las redacciones es que con la angustia que atraviesan los medios hay que ponerse a disposición de los clubes dirigidos por grandes empresarios. Nadie sabe mejor que Florentino Pérez que hay mucho miedo, mucho paro, mucha empresa de comunicación que se cierra y muchas familias a las que atender», remata.

Pablo González, periodista secuestrado

Los tiempos de las cazas de brujas y las listas negras han vuelto al periodismo en España, donde se persigue a periodistas con voz distinta a la oficial. El corresponsal especializado en la Rusia postsoviética, Pablo González, se encuentra secuestrado en Polonia acusado de espionaje con la complicidad del Gobierno español y de la UE con Josep Borrell a la cabeza, que tiene un sueldo de 315 000 euros anuales en lo que llama el «jardín europeo».

González lleva en la cárcel desde que fue detenido el 28 de febrero de 2022 en situación de plena indefensión, en régimen de incomunicación y con el silencio cómplice de los grandes medios de comunicación españoles. Los servicios de inteligencia polacos lo detuvieron sin cargos concretos ni pruebas presentadas acusado de espionaje, delito que tiene una pena de hasta 10 años de cárcel. Su compañera Ohiana Goiriena y el resto de familiares piden mantener la presión social por la vulneración de derechos a la que se ha visto sometido en condiciones de aislamiento extremo. Goiriena ha explicado que le ha perjudicado haber nacido en Rusia (su doble nacionalidad se debe a que es nieto de un «Niño de la guerra», los republicanos acogidos en la URSS para escapar del horror del fascismo) ser un periodista incómodo, haber colaborado en medios de izquierdas y haber informado sobre protestas en contra del Gobierno polaco contra la ley LGTBIQ+ y contra la ley del aborto y el cierre de sus fronteras a inmigrantes. El Gobierno español ha amparado las actuaciones y la legalidad de Polonia, que lo tiene encarcelado en lo que se conoce como el «Guantánamo europeo» por su violación de derechos humanos. Este atropello y silencio clamoroso ha sido un escarmiento con un periodista vasco que se sale de la línea oficial.

Pablo González está encarcelado sin que hayan presentado cargos en su contra. Se trata de un atropello para toda la profesión. Su abogado, Gonzalo Boye, considera que lo más grave de todo es la actitud de connivencia por parte del Gobierno español y los medios de comunicación. Defiende que el caso viola la Carta de los Derechos Fundamentales de la Unión Europea y ha señalado que «no hay un proceso penal, sino un rodillo a Pablo por parte de las autoridades polacas, ya que siguen prorrogando la prisión preventiva porque no tienen pruebas»[66].

66 Peña Ascacíbar, G. (2023), «La voz encerrada de Pablo González», *El Salto*, en <https://www.elsaltodiario.com/li-

Cloacas: la fábrica de noticias falsas

El excomisario Villarejo dictaba los titulares en medios de comunicación para falsear la realidad. Esteban Urreiztieta, subdirector del diario *El Mundo*, y anterior número dos de Eduardo Inda, era uno de sus periodistas infiltrados y colaboraba con la cloaca policial. Publicó en portada una cuenta falsa de Xavier Trias y en los audios con Villarejo le preguntó: «¿Si tu fueras periodista, ¿cómo titularías eso?»[67]. En otros audios de compadreo Villarejo le mencionó a Ferreras: «Eres mi debilidad. Estoy entregado a ti»[68]. Ferreras es un gran conocedor de estas cloacas mediáticas. Florentino Pérez le fichó de la *SER* poniéndole encima de la mesa varios millones de pesetas después de vetar en la cadena a la concejala del PSOE, Matilde Fernández, que se opuso al pelotazo urbanístico de la Ciudad Deportiva del Real Madrid. Desde entonces, Ferreras ha

---

bertad-informacion/periodista-pablo-gonzalez-detenido-polonia-rusia-ucrania>.

67 López, P. (2016), «Villarejo contrató un móvil con identidad falsa para hablar con sus "periodistas infiltrados", como Inda», *Público*, en <https://www.publico.es/politica/villarejo-contrato-movil-identidad-falsa.html>.

68 López, P. (2023), «Ferreras sobre la falsa cuenta de Iglesias: "Inda, voy con ello, pero es demasiado burdo"», *Crónica Libre*, <https://www.cronicalibre.com/investigacion/ferreras-sobre-la-falsa-cuenta-de-iglesias-inda-voy-con-ello-pero-es-demasiado-burdo/>.

sido su director de comunicación en el Real Madrid y el productor de una película del equipo blanco. Ha negociado fichajes del conjunto merengue ya siendo director de *La Sexta*. Además, le escribe los discursos a Florentino y viaja en su jet privado. Son vecinos vacacionales en una de las zonas de lujo en el Puerto de Santa María en Cádiz y tapa todos sus escándalos con otros temas en televisión.

Lenin decía que en vida, la clase opresora somete a los revolucionarios a persecuciones y campañas de odio, mentiras y calumnias. Y después de su muerte se intenta canonizarlos en iconos inofensivos, castrando todo el contenido de su doctrina revolucionaria. Estas formas de manipulación continúan vigentes bajo el capitalismo que presenta como benefactores de la humanidad a los grandes oligarcas.

Partidos políticos, el Ibex y la Justicia
La impunidad más absoluta

En malos momentos, no os pongáis a llorar,
porque os harán callar
con la limosnita de un poco de pan.
[...]
Cuando digan «Caridad»,
vosotros decid «Justicia».

Gabriel Celaya, *El último recurso*

Si todos los políticos
se hicieran pacifistas
vendría la paz.
Que no vuelva a haber otra guerra,
pero si la hubiera,
¡Que todos los soldados
se declaren en huelga!

La libertad no es tener un buen amo,
sino no tener ninguno.
Mi partido es la Paz.
Yo soy su líder.
No pido votos,
pido botas para los descalzos
–que todavía hay muchos–.

Gloria Fuertes, *Vendría la paz*

El cártel de las constructoras

El «cártel de constructoras» en España, liderado por Florentino Pérez, fue condenado por amañar contratos y repartirse 35 000 millones de euros de adjudicaciones durante 25 años. La Audiencia Nacional los libró de toda sanción y del veto para recibir contratos públicos, en plena tramitación de los fondos de recuperación de la UE (Next Generation).

Estas grandes constructoras alteraban las adjudicaciones públicas y pagaban los informes técnicos necesarios para presentarse a una licitación. Decidían en privado quién se presentaría y con quién para repartirse todo el pastel como la mafia. Las empresas sancionadas por Competencia fueron Dragados de Florentino (sancionada con 57,1 millones), FCC de Carlos Slim y las hermanas Koplowitz dirigida en la actualidad por

Carlos Colio (sancionada con 40,4 millones), Ferrovial de Rafael del Pino (sancionada con 38,5 millones), Acciona de los Entrecanales (sancionada con 29,4 millones), OHL, vinculada con anterioridad a Villar Mir (sancionada con 21,5 millones) y Sacyr, que estuvo presidida por Luis del Rivero (sancionada con 16,7 millones)[69].

Las puertas giratorias y las relaciones íntimas entre constructoras y partidos políticos indican la existencia de una casta político-empresarial en España. El caso de Villar Mir es uno de los más representativos. Fue vicepresidente de España elegido por Juan Carlos I en 1975 tras la muerte del dictador Franco. La exlideresa del PP, Esperanza Aguirre, y su marido, le vendieron un cuadro de Goya para ahorrarse impuestos y archivaron el caso. Asimismo, se le ha asociado al pelotazo del AVE a la Meca con supuestas comisiones para su amigo Juan Carlos I pagadas por Arabia Saudí.

De la misma forma, Florentino Pérez formó parte de la casta política como burócrata franquista con Juan de Arespacochaga, alcalde de Madrid entre 1976 y 1978. Fue concejal de UCD en Madrid, director general

69 Forner, G. (2022), «Competencia sanciona a las seis grandes constructoras por operar como un cártel durante 25 años en miles de licitaciones públicas», *El Salto*, en <https://www.elsaltodiario.com/corrupcion/competencia-sanciona-203-millones-seis-grandes-constructoras-operar-como-cartel-durante-25-anos-miles-licitaciones-publicas>.

dentro de los ministerios con el partido de Adolfo Suárez y después montó el PRD (Partido Reformista Democrático) con Miquel Roca.

Rafael Del Pino y Calvo-Sotelo ha trasladado la sede de Ferrovial a Países Bajos para no pagar impuestos. Tiene una de las mayores fortunas de España, con más de 4000 millones de euros. Es sobrino del expresidente Calvo Sotelo. En el informe de Oxfam Intermón[70] sobre filiales del Ibex en paraísos fiscales, en España lideran esta estafa legalizada el Banco Santander de Ana Botín, con 187 filiales en paraísos fiscales, ACS de Florentino Pérez con 82 filiales en paraísos fiscales y Ferrovial de Rafael del Pino con 65[71].

Este tipo de empresarios son los que mandan y seguirán mandando en España. ACS de Florentino, Mercadona de Joan Roig, o OHL de Villar Mir aparecían en los Papeles de Bárcenas como financiadores del Partido Popular.

70 Oxfam Intermón (2022), «Negocios como siempre: El papel de las empresas del Ibex 35 en la recuperación», en <https://www.oxfamintermon.org/escomo-distribuyen-valor-empresas-ibex-35#>.

71 Delle Femmine, L. (2023), «Las empresas del Ibex 35 continúan con 681 filiales en paraísos fiscales», *El País*, en <https://elpais.com/economia/2023-05-18/las-empresas-del-ibex-35-continuan-con-681-filiales-en-paraisos-fiscales.html>.

Bárcenas, Rosalía Iglesias y el grupo Taburete

El cantante Willy Bárcenas aparece en la trama Gürtel. Su padre, Luis Bárcenas, utilizaba sus estudios para blanquear dinero en Suiza y repatriar el dinero oculto a través de pagos a familiares directos. Así aparece recogido en la sentencia de la trama de corrupción del PP[72].

¿Dónde empezó a tocar el hijo de Bárcenas? Su carrera musical comenzó con la composición del himno de España en *Punto Pelota* de Josep Pedrerol para la Eurocopa de 2012. Se llamaban Los Jardineros y él no dijo nada de su padre ese día. Bárcenas y su grupo de música simbolizan el tráfico de favores en los medios de comunicación.

Su padre, Luís, y su madre Rosalía Iglesias, condenados a 30 y 13 años de prisión, han logrado la semilibertad como reinserción por trabajar en el grupo Taburete de su hijo Willy Bárcenas. Este grupo recibe dinero público en conciertos de diversos Ayuntamientos donde gobierna el PP. Por ejemplo, el Ayuntamiento de San Sebastián de los Reyes y el de Boadilla del Monte, epicentro de la Gürtel, lo contrataron para cantar por

72 La Sexta (2018). «Willy Bárcenas también aparece en la sentencia de Gürtel: blanquearon dinero de Suiza como "pagos por sus estudios"». *LaSexta.com*, en <https://www.lasexta.com/noticias/nacional/willy-barcenas-taburete-tambien-aparece-sentencia-gurtel-blanquearon-dinero-suiza-como-pagos-sus-estudios_201805245b06dd360cf26a550f782baf.html>.

la nada despreciable cifra de 100 000 euros. Rosalía Iglesias llegó a tener a su nombre más de 48 millones de euros ocultos en Suiza. Pidió clemencia para no entrar en prisión por tener que cuidar a su hijo Willy, de 30 años de edad. Los contratos a la «Familia» Taburete no se han quedado ahí. *Crónica Libre* ha publicado que el Instituto Homeopático de Chamberí recibe grandes contratos por parte de Isabel Díaz Ayuso en la Comunidad de Madrid. Este centro pertenece a la familia de Antón Carreño, el otro miembro del grupo musical Taburete[73].

Mientras al rapero Pablo Hasél le denegaron su indulto por «actitud antisocial» y continúa en prisión. En verano de 2023, Willy Bárcenas celebró su boda por todo lo alto con su pareja, la *influencer* Loreto Sesma. No faltó a la cita Rodrigo Rato, al que concedieron la libertad por avanzada edad.

73 Cuesta, R. (2023), «La operación de Ayuso con el Instituto Homeopático de Chamberí es un regalo para la familia de Antón Carreño Díaz de Taburete», *Crónica Libre*, en <https://www.cronicalibre.com/investigacion/la-operacion-de-ayuso-con-el-instituto-homeopatico-de- chamberi-es-un-regalo-para-la-familia de anton-carreno-diaz-de-taburete/>.

Barra libre para políticos, empresarios y «aristócratas»

Eduardo Zaplana del PP cumple más de 4 años en libertad por enfermedad terminal. Dijo en el juicio que fue víctima de una equivocación. En las escuchas del caso Naseiro, Zaplana proclamó: «Me tengo que hacer rico, tengo que ganar mucho dinero, me hace falta mucho dinero para vivir».

No solo está en libertad Zaplana, sino que también, como ya hemos visto, han dejado fuera a Bárcenas y a Rodrigo Rato. Cristina Cifuentes fue absuelta por el máster falso, Esperanza Aguirre fue desimputada en la Operación Púnica, no saben quién es todavía M. Rajoy, y firmaron el indulto a Griñán por los ERE del PSOE. Hay dos tipos de justicia en España. Una para estos dirigentes políticos y otra para los ciudadanos que hacen política para los de abajo, como el caso de la poetisa Patricia Heras, que se suicidó tras meses encarcelada por el montaje policial del 4-F, explicado en el documental *Ciutat Morta*[74]. Por cierto, Jordi Hereu, alcalde de Barcelona entre 2006 y 2011 y uno de los señalados como responsable político del caso, años más tarde fue premiado con el nombramiento como ministro de Industria.

74 Ortega, X. y Artigas, X. (2013), *Ciutat Morta*, documental.

«En esta insigne institución, reírse alegremente es un grave desacato no solo a la autoridad sino al espíritu de castigo, arrepentimiento y duelo, que conduce a la bien publicitada por todas las esquinas reinserción que tratan de imponernos», dejó escrito Heras antes de suicidarse por la injusticia a la que se vio sometida.

Entretanto, han logrado todo tipo de exenciones de poderosos, como el nieto de Francisco Franco, que fue absuelto tras atropellar a dos agentes de la Guardia Civil. Circulaba sin luces en sentido contrario y se dio a la fuga. Su acompañante encañonó con una escopeta a los agentes. El banquero Jaime Botín, tío de Ana Patricia Botín, fue condenado por fraude fiscal y contrabando de un cuadro de Picasso. Se autoconcedió un crédito de Bankinter para pagar la multa de más de 90 millones de euros y no entrará en prisión por enfermedad[75]. El Tribunal Supremo anuló las multas de 20 y 10 millones de euros a las multinacionales Repsol y Cepsa por «caducidad del procedimiento». Formaban un cártel y se pasaban información entre gasolineras.

La jueza María Luz Jiménez Zafrilla está siendo investigada por dar chivatazos a mafiosos rusos

75 Koch, T. (2021), «Jaime Botín paga la multa de 91,7 millones por el contrabando de un "picasso" y espera evitar el ingreso en prisión», *El País*, en <https://elpais.com/cultura/2021-09-22/jaime-botin-paga-la-multa-de-917-millones-por-el-contrabando-de-un-picasso-y-espera-evitar-el-ingreso-en- prision.html>.

vinculados a cargos del PP. Su investigación como magistrada en el caso fue realizada fuera de plazo y se archivó a casusa de este «error judicial» salvando al PP en su relación la mafia en Benidorm. Esta jueza también dio carpetazo al caso Terra Mítica[76].

En esta farsa de justicia con archivos de casos por caducidad de procedimientos o puestas en libertad a delincuentes, siguieron los mismos jueces del franquismo. Se cumplen 30 años del asesinato del independentista y antifascista Guillem Agulló por neonazis cuando tenía 19 años. El tribunal humilló a la amiga de Guillem y fue obligada a tararear el Cara al Sol. El TSJM ha obligado a mantener la calle en Madrid de Millán Astray (¡Muera la inteligencia!) al no probarse de «manera inequívoca» que participara en el golpe de Estado de 1936.

García-Castellón, el juez del Lawfare

El que fuera abogado de los raperos Valtònyc y Pablo Hasél, Juanma Olarieta, defensor de represaliados en el Estado, ha vaticinado que «en España habrá cada

76 Marco, L. (2023), «Archivada una causa al PP de Benidorm por la inacción "inexplicable" de una jueza que la Policía vinculó a la mafia», *elDiario.es*, en <https://www.eldiario.es/comunitat-valenciana/archivada-causa-pp-benidorm-inaccion-inexplicable-jueza-policia-vinculo- mafia_1_10082874.html>.

vez más presos políticos, incluso serán encarcelados aquellos que piensan que aquí hay libertad y que este régimen es una democracia». En la actualidad se están reconvirtiendo derechos fundamentales como la libertad de expresión en delitos. «¿Por qué hay que disculparse? ¿A quién hay que pedir perdón? Quién tiene que pedir perdón es la Audiencia Nacional», expresa[77].

La Audiencia Nacional es un tribunal que nació viciado de ilegalidad por Decreto-Ley heredando la misma estructura del Tribunal de Orden Público fascista, con los mismos jueces y fiscales.

Dentro del conocido como *Lawfare*, o la guerra judicial en España ha destacado en la Audiencia Nacional la figura del juez García-Castellón, que procesó a los CDR catalanes por «terrorismo» con una cazuela, y que en noviembre de 2023 incluyó la acusación de «terrorismo» en el caso de Tsunami Democràtic por el «uso de armas» porque, supuestamente, un agente policial resultó herido con un tirachinas.

Este juez al servicio del PP es el mismo que rechazó procesar al dictador Pinochet y que archivó la investigación contra Juan Carlos I. García-Castellón trabajó como juez de enlace en Francia e Italia nombrado por el PP. Ha archivado las causas de Esperanza

77 Olarieta, J.M. (2017), «Planteamiento de un juicio contra la libertad de expresión», *Rot Contrainfo*, en <https://www.youtube.com/watch?v=E8HMV3MJ3iw>.

Aguirre en Púnica, donde el empresario Marjaliza reconoció que Florentino Pérez era el que ponía y quitaba los cargos del Gobierno de Aguirre en la Comunidad de Madrid para recibir adjudicaciones públicas. Asimismo, García-Castellón archivó la pieza de la Púnica sobre contratos de Ayuntamientos del PP con el conseguidor de la trama, Alejandro De Pedro. Tanto Ayuso como Florentino Pérez tenían contacto directo con él para contrarrestar información negativa del PP y del Real Madrid. La Audiencia Nacional preparó el archivo del caso de Esperanza Aguirre en la trama Púnica. Según el juez García-Castellón, no sabía nada de la financiación ilegal de las campañas electorales del partido que lideraba. Además, el juez exoneró a Ignacio González, el que fuera presidente de la Comunidad de Madrid, después de que saliera a la luz un audio de González con Eduardo Zaplana en 2016 en el que comentaban la necesidad de traer de vuelta a García-Castellón a la Audiencia Nacional cuando el caso estaba en manos del juez Eloy Velasco: «Que venga el titular [García-Castellón] que ya me las apañaré con el titular, coño, y este, a tomar por culo».

En la Operación Kitchen, el juez García-Castellón rechazó la responsabilidad del PP: el partido no se tuvo que sentar en el banquillo. También suspendió el acceso a los chats del número 2 de Interior con Jorge Fernández Díaz, que contenían pruebas de la guerra sucia del Gobierno de Mariano Rajoy contra el independentismo catalán y Podemos. María Dolores de Cospedal, exsecretaria general del Partido Popular, contrató a Villarejo para tapar la corrupción de su partido y atacar a independentistas y a Podemos, autorizó vuelos de Juan Carlos I para comisiones y utilizó el *Falcon* para viajes de «periodistas» como Jorge Bustos. Cospedal también fue absuelta por el juez García-Castellón en Kitchen.

Epílogo. **Resistencia contra los sospechosos habituales**

[…] queréis ocultar la infamia,
pero el color de cobardes
no se os irá de la cara.

Miguel Hernández, *Los cobardes*

El porvenir lo defiende el pueblo. Y el pasado. Los museos son el recinto de la historia del espíritu, del pasado espiritual. Los fascistas los bombardean e incendian.

Antonio Machado, «El fascismo intenta destruir el Museo del Prado»

Como periodista he sufrido la censura y la represión política con juicios, despidos, denuncias, acoso policial, y amenazas de muerte por parte de ultraderechistas y aficionados madridistas defensores de su presidente, simplemente por hacer mi trabajo. Sin embargo, espero que estas líneas no hayan servido para el desaliento, sino para conocer algo mejor cómo se las gasta el enemigo, seguir en la lucha y afilar nuestras ideas para cambiar las cosas.

En esta recopilación de «casos aislados», de los sospechosos habituales, que daría para varios tomos de investigaciones pormenorizadas, he intentado retratar mediante píldoras y pasajes el funcionamiento pútrido de las instituciones estatales, los medios de comunicación, el capitalismo clientelar y el despliegue de las fuerzas policiales y militares que lo protegen por la fuerza.

Cuando Jordi Pujol, en la investigación de corrupción en el Parlament en 2014, decía que si se agitaba la rama de un árbol caerían todos los nidos, uno de los nombres era el corruptor Florentino, uno de los intocables del Estado, según el propio excomisario Villarejo. Su empresa nació en Catalunya al calor de Banca Catalana bajo el nombre de Construcciones Padrós. Ha estado detrás del caso tres por ciento. Florentino Pérez formó como secretario general el PRD con Miquel Roca, y acudió a todos los mítines de CiU en Catalunya hasta el año 2000 que llegó a la presidencia del Real Madrid. A pesar de que su partido fue el menos votado de la historia con el 0,96% de los sufragios, hoy Florentino ha logrado, sin necesidad de presentarse a las elecciones, acumular más poder que el presidente de Gobierno y ha propuesto a Miquel Roca, uno de los padres de la Constitución y abogado de la infanta Cristina, en el consejo de administración de su empresa Abertis. Así funciona esta «democracia» del dinero, ante la cual sólo nos queda organizarnos y combatir.